Invasion on Mars – Invasion auf dem Mars

von Kris Benedikt

Langenscheidt

Berlin · München · Wien · Zürich · New York

Lektorat: Marion Schweizer
Englischsprachiges Lektorat: Stephen Roche
Umschlaggestaltung: init.büro für gestaltung, Bielefeld

In derselben Reihe von Kris Benedikt erschienen:
My Tomcat from Mars – Mein Kater vom Mars

Für Julia und alle anderen, die sich mit grünen Katzen angefreundet haben.

www.langenscheidt.de

Umwelthinweis: gedruckt auf chlorfrei gebleichtem Papier

Satz: Franzis print & media GmbH, München
Druck: Mercedes-Druck, Berlin
Bindung: Stein+Lehmann GmbH, Berlin
Printed in Germany

ISBN 978-3-468-20554-5

10010

Inhalt

Back on Mars 5
Der Vulkan lebt 18
Don't Panic! 24
Streng geheim 29
Stones and Berries 36
Insel in Gefahr 43
Invasion of the Mind 50
Zig Probleme 59
No More Jokes, Please! 66
Zig-Alarm! 71
Witzig, not funny 77
Die große Suche 83
Grey Cats 90
Fehlstart 95
In the Lion's Den 103
Grüne Töne 113
Wind and Waves 118

Back on Mars

Ich stand im Schlafzimmer meiner Eltern und wand mich. Wie hielt mein Vater es nur aus, jeden Tag im Anzug ins Büro zu gehen? Alles war kratzig, eng, steif und unbequem. Und jetzt kramte er auch noch einen gestreiften Kulturstrick aus seinem Schrank.

Abwehrend hob ich die Hände. "Ich sehe sowieso schon total lächerlich aus."

"Alle Gäste werden in edlen Abendroben erscheinen", warf meine Mutter ein.

"Ich wette, Bass kommt ganz normal in Jeans und Pulli."

"Bass ist ja auch nicht der Held des Tages."

"Wenn ich in dieser Aufmachung aufkreuze, bin ich nicht der Held, sondern die Lachnummer des Tages", sagte ich. "Ihr habt keine Ahnung von der Mode auf dem Mars." Ich nahm meinem Vater die Krawatte ab und hielt sie Early vor die Schnauze. "Early, what do you think of this?"

Earl Grey, der grün getigerte Kater vom Mars, der seit letztem Sommer zur Familie gehörte, begann zu schnurren. Mochte er das Ding etwa? Schnurren war bei ihm nicht unbedingt ein Ausdruck von Zufriedenheit, sondern eine ausgefeilte Biotechnologie, die den Marskatzen allerhand ermöglichte. Nicht zuletzt machten sie sich auf diese Weise verständlich. Mit jedem Ton, den Early von sich gab, brachte er Bewegung in den Sand, der im ganzen Haus in flachen Plastikwannen ausgestreut war. Early schnurrte und die Sandkörner formten Sätze. Es waren englische Sätze, denn in dieser Sprache verständigten sich Katzen und Menschen auf dem Mars seit jeher. Genauer: seit 2060, als englische Kolonisten den Mars erreicht hatten. Auch wenn diese Ereignisse für uns Erdbewohner noch in der Zukunft lagen, waren sie für Early ein alter Hut. Denn er war durch ein Moongate nicht nur zu uns auf die Erde gekommen, sondern dabei auch weit in die Vergangenheit gereist. Alles in allem eine komplizierte Sache, die meine Eltern mir erst nicht hatten glauben wollen. Als ich ihnen Early damals vorstellte, dachten sie allen Ernstes, ich hätte dem armen Tier das Fell grün gefärbt, um sie zu verarschen. Erst als er ein paar Sätze in den Zucker schnurrte, den ich zu diesem Zweck auf dem Küchentisch verstreut hatte, gaben sie ihre Zweifel gezwungenermaßen auf. Puh, es hatte eine lange Nacht gedauert, ihnen mein Marsabenteuer in epischer Breite zu erzählen!

stripe Streifen
traitor Verräter(in)

Hoffentlich stellte sich der Film, der mir, Nova und Early zu Ehren heute im Historic Museum of the Colonization of Mars Premiere hatte, nicht als vierstündiger Monumentalschinken heraus. Ich wollte nämlich keine Sekunde länger als nötig wie ein dressierter Affe aussehen, auch wenn meine Mutter meinte, mit vierzehn sei man ja fast schon erwachsen und "reif für einen richtigen Anzug". Na danke.
Early beschnupperte die Krawatte und schnurrte in den Sand: "Nice **stripes**. I want one of those, too."
"You **traitor**", antwortete ich vorwurfsvoll, während mir mein Vater grinsend die Krawatte umband.
Es klingelte an der Haustür. Kurz darauf brachte mei-

ne große Schwester Anja meinen besten Freund Bass ins Schlafzimmer. Natürlich trug er Jeans und Pulli. Bass, dessen kompletter Name Sebastian Tack lautet, blickte auf eine schlimme Zeit zurück, die er aber mit viel Humor und ausgiebigen Flirts mit Krankenschwestern gut gemeistert hatte. Jetzt war alles wieder klar bei ihm. Die Hüfte, die er sich bei einem spektakulären Surfunfall gebrochen hatte, war geheilt. Dieser Unfall auf der Eisbachwelle in München, nur einen Tag vor unserer geplanten Reise nach Teneriffa, hatte das Marsabenteuer vor einem Dreivierteljahr überhaupt erst ins Rollen gebracht.

"I can't wait to see Nova again." Aus Rücksicht auf Early sprach Bass immer Englisch, wenn der Kater dabei war.

"**Yep**", sagte ich kurz angebunden, weil ich mit dem Strick um den Hals kaum Luft bekam.

Bass zwinkerte Early zu. "I think he's jealous."

Nova würde vermutlich einen Lachkrampf bekommen, wenn sie mich so sah! Sie war in den letzten Monaten immer punkiger geworden. Erst hatte sie nur diese igeligen, teils blonden, teils roten Haare gehabt. Jetzt waren noch drei Piercings dazugekommen, und ihr Kleidungsstil wurde immer krasser. Neben ihr würde ich aussehen wie ein Streber, nicht wie ein cooler Surfer. Ich entledigte mich der Krawatte und zog auch das Jackett aus. "I feel **totally** overdressed."

yep = yes
totally völlig

Early schnappte sich die Krawatte und wickelte sich darin ein. Es war schwer zu glauben, dass dieser drollige Kerl zur hochintelligenten Spezi-

es der Marskatzen gehörte, die eine so ausgefeilte Kommunikationstechnologie entwickelt hatte.
Mein Vater sah auf seine Armbanduhr.
"The gate will open **any minute**."
Anja befreite Early, der sich hoffnungslos verheddert hatte, und trug ihn zur Dachterrasse. Meine Eltern, Bass und ich folgten.

any minute
jeden Augenblick

Für mich war es die dritte Reise zum Mars, für Bass und meine Familie die zweite. Aber aufgeregt waren wir alle gleichermaßen. Early hingegen pilgerte regelmäßig in seine alte Heimat, um sich mit Glowberries vollzustopfen, weil er sonst Mangelerscheinungen bekam. Von seinem letzten Besuch hatte er für uns überraschend die Einladung zur Filmpremiere mitgebracht.

"Ich habe sicherheitshalber etwas gegen Reiseübelkeit eingenommen", erzählte meine Mutter, während sich das Moongate, das auf dem Mars mit sogenannten Purrolatoren, einer Art Schnurrmaschinen, erzeugt wurde, langsam aufbaute. Ein feiner Vorhang aus schwirrenden Sandkörnern stieg aus dem Nichts vor uns empor. "Vielleicht hilft es auch gegen die Effekte der geringeren Schwerkraft. Letztes Mal war mir dermaßen schlecht!" Ihr Kontrollblick glitt noch rasch über uns alle. Bei Papa entdeckte sie ein paar Schuppen auf den Schultern, die sie fortwischte, bei mir eine schwarze Haarsträhne, die sich dem Scheitel nicht fügen wollte. Zweifellos wäre sie auch noch gern mit den Fingern über Bass' blonde Matte gefahren, ließ es aber seufzend bleiben, denn schon war das Moongate zwei Meter hoch.

Ein Fuß erschien am Boden des Gates und kurz darauf trat ein Mann heraus: Lord Gordon Selby höchstpersönlich, der Chef auf dem Mars. Wie alle Marsmenschen hatte er einen bleichen Teint und so große Augen, dass man Angst bekam, sie könnten einem bis in die Seele blicken. Seine Lordschaft ging augenblicklich in die Knie und keuchte: "I feel like I weigh a ton."

"It's very nice of you to come and fetch us", sagte meine Mutter höflich, während Bass und mein Vater dem Lord ohne viel Aufhebens unter die Achseln griffen und ihn durch das Gate zurückhievten. Anja folgte mit Early, ich ging nach meiner Mutter als Letzter.

Noch einen Schritt weiter und ich befand mich nicht mehr im München des beginnenden 21. Jahrhunderts, sondern auf dem Mars, oder vielmehr unter der Marsoberfläche, und war dabei nicht nur fast hundert Millionen Kilometer durchs Weltall, sondern auch gut 450 Jahre in die Zukunft gereist.

Wir kamen in der Eingangshalle des Museums an, in der bereits geladene Gäste Spalier standen.

Ich registrierte, wie meiner Mutter beim Anblick der Mitglieder der vornehmen marsianischen Gesellschaft die Augenbrauen bis unter den Haaransatz schossen. Die Damen trugen statt "edler Abendroben" fetzenartige Umhänge, die Herren bunte Strumpfhosen und graue Kutten. Mein Vater warf mir einen amüsierten Blick zu und lockerte seine Krawatte.

Early tänzelte durch die Menge und genoss die Aufmerksamkeit. Lord Gordon hatte sich vom Schwerkraftschock erholt und schloss das Gate. Die Purrolatoren wurden anders angeordnet, ein neues Gate öffnete sich. Diesmal verzichtete der Lord darauf, den Gästen entgegenzugehen. Das war auch nicht nötig, denn Nova reiste mit ihren Eltern Julia und Everett viel öfter zum Mars als wir. Die Youngbloods gingen hier sozusagen ein und aus. Nova erschien als Erste, dann folgten ihre Eltern sowie Ashton, der Freund meiner Schwester, der genau wie die Youngbloods in Cornwall lebte.

soon-to-be brother-in-law
angehender Schwager

"Hi, **soon-to-be brother-in-law**." Ich klopfte Ash auf die Schulter, was er mit einem Boxhieb in meine Rippen beantwortete.

"Hi, hero of the day."

Nova kam strahlend auf uns zu. Ich war gespannt, ob sie zuerst mich oder Bass begrüßen würde. Aber dieses Privileg wurde jemand anderem zuteil. Nova hob Early, der seine Ehrenrunde beendet hatte, auf den Arm und küsste ihn zwischen die Ohren.

Als wir wenige Minuten später im Kino Platz nahmen, legte sich Early auf Novas Schoß. Auch Bass bekam vierbeinige Gesellschaft. Earlys Schwester Darjeeling, eine behäbige, fette Katze, war seit unserem letzten Besuch ganz vernarrt in ihn. Bass hatte nun mal ein Händchen für weibliche Wesen jeglicher Gattung.

Das Kino, ein neu errichteter Raum, präsentierte sich in einem ganz besonderen Look. Die Marsianer liebten merkwürdige Formen und Farben, aber das hier übertraf alles, was ich bisher gesehen hatte. Über die hellroten Wände des Kinos kroch in lilablassblauen Schlieren ein eigentümlicher Glibber.

"What an outstanding decoration", meinte ich.

"These are malgae, erläuterte Early. Dann holte er zu einer längeren Erklärung aus. Er genoss es sichtlich, dass im Kino, wie überall auf dem Mars, der Boden komplett mit feinem Sand bedeckt war. "Martian **algae**, **to be precise**. They change colour when music is played, and they're the second most intelligent **species apart from** us on this planet."

Ich verkniff mir die Frage, an welcher Stelle er denn die Marsmenschen sah, und wollte nur wissen, worin sich die Intelligenz der "Malgae" zeigte, abgesehen davon, dass sie ihr Aussehen verändern konnten.

alga (*pl.* **algae**) Alge
to be precise genauer gesagt
species Spezies
apart from außer
to crawl schleichen

"Well, they do whatever they want to."

"And all they want to do is **crawl** along the walls?", bezweifelte ich Earlys Behauptung.

"Sure, it's the best way to get into the cinema free."

Die Ränge waren kreisförmig um eine Bühne angeordnet, auf die jetzt Novas Großeltern Barnet und Coralie Mackay traten. Sie hatten das Museum gekauft, nachdem ihnen unser Abenteuer unerwartet zu Geld verholfen hatte. Zuvor waren sie Tierärzte gewesen. Als sie nun vom Bau des Kinos berichteten, schienen ihre Stimmen von überallher zu kommen, obwohl ich weder Mikrofone noch Lautsprecher entdecken konnte.

Leise Musik setzte ein, was den Mars-Algen, oder

Malgen, außerordentlich zu gefallen schien. Sie begannen, sich zu blauen und gelben wellenförmigen Mustern zu formieren. Es sah ganz so aus, als würden sie die Stimmung der Musik perfekt in Form und Farbe umsetzen. Danach trat Lord Gordon auf die Bühne, begleitet von dramatischem Sound, was die Malgen dazu anregte, schwarz-weiße Zacken zu bilden. Der Lord gab eine kurze Zusammenfassung der Teekrise, die die Youngbloods, Early und mich in ein unglaubliches Abenteuer gestürzt hatte.

"In the year 2060, our **colony** on Mars **was founded** by my **ancestor** Lord Terence Selby. The colonists **discovered** life below the **surface of Mars**: A huge system of caves, **lit** by glowberries, and **inhabited** by all sorts of animals, among them intelligent cats with **whom** they soon learned to **coexist**. But it was difficult to grow tea in the caves. The **plants** changed, the **stems** grew thicker, the leaves smaller, and the tea lost its **taste**. In 2460, we decided to send someone back to Earth to buy tea. However, over many generations, we had changed. Our **messenger** would have difficulties with the strong **gravity**, the **blinding** sunlight and the unusual food. We chose our strongest and **boldest citizen**, Julia Mackay." Heftiger Zwischenapplaus brandete auf, währenddessen Novas

colony Kolonie
to found gründen
ancestor Vorfahr
to discover entdecken
surface of Mars Marsoberfläche
to light (lit, lit) erleuchten
to inhabit sth etw bewohnen
whom denen
to coexist zusammenleben
plant Pflanze
stem Stängel
taste Geschmack
messenger Bote, Botin
gravity Schwerkraft
blinding blendend
bold mutig
citizen Bürger(in)

Mutter Julia rot anlief. "She left Mars through a moongate and didn't return for many years. **In the meantime**, a **war** over the last **remaining** tea leaves was about to begin. Now let us watch how we finally found **peace** again."

Damit startete endlich der Film, der als Holografie frei im Raum schwebte.

Er begann mit Julias Rückkehr zum Mars. Es sah so verdammt echt aus, als wäre die Holo-Kamera tatsächlich bei jedem ihrer Schritte mit dabei gewesen. Aber von Nova hatte ich gehört, dass alle Szenen komplett künstlich von einem sogenannten Visionuter erzeugt worden waren.

"Julia returned not only with the tea", kam die Sprecherstimme aus dem Off, "she also brought her new husband, Everett Youngblood, a **talented astrophysicist**. When they returned they **were taken prisoner** by the **villain** Archibald Quigley. **Thankfully**, their daughter Nova and her brave friend Mike from Munich, a city on Earth, managed to follow them to Mars. Together with Earl Grey, one of the bravest cats that ever **purred**, they set off to rescue Julia and Everett."

Ich sah gebannt zu, wie unsere holografischen Doppelgänger durch die untermarsianischen Gänge hetzten, mal auf der Flucht vor den Häschern des üblen Verbrechers, dann wieder auf der verzweifelten Suche nach Novas Eltern. Alles wurde begleitet von dra-

in the meantime inzwischen
war Krieg
remaining verblieben
peace Frieden
talented begabt
astrophysicist Astrophysiker(in)
to take sb prisoner jdn gefangen nehmen
villain Schurke
thankfully zum Glück
to purr schnurren

matischer Musik, die sich zu einem dröhnenden Crescendo steigerte, als die Helden in letzter Minute Julia und Everett retteten. Die Malgen sahen sich zu Kringelformen in pulsierendem Feuerrot inspiriert, während der Holo-Mike schließlich einen wilden Ritt auf jenem Surfbrett unternahm, das Early aus einem dicken Teebaumstamm geschnurrt hatte.

Das Surfbrett aus Teeholz besaß ich immer noch. Es funktionierte besser als jedes noch so teure Board, das man auf der Erde kaufen konnte. Bass beneidete mich glühend darum.

Zum Abschluss des Empfangs gab es in der Eingangshalle die marsianische Form von Sekt: vergorenen Glowberry-Saft. Darjeeling schnurrte in den sandigen Boden: "Bass, I've got a surprise for you."

Nova und ich folgten den beiden in einen Lagerraum. Mir fiel ein Schild auf, das über der Tür schwebte und neongrün blinkte: ***No entrance*** *for Zigs.*

"Who or what are Zigs?"

Niemand interessierte sich für meine Frage, denn Bass rief in dem Moment: "Oh, Darjeeling, my darling, it's **gorgeous**!"

An der Wand lehnte ein Surfboard aus Teeholz, das Darjeeling für ihn zurechtgeschnurrt hatte. Ich fuhr mit der Handfläche über das glatte Holz. "Fantastic. Now we've got **identical** boards. Excellent job, Darjeeling."

Die fette Katze rieb sich zufrieden an Bass' Beinen.

"I wonder how I'm going to explain this to my parents", überlegte Bass, das Board unter den Arm geklemmt,

No entrance. Zutritt verboten.
gorgeous umwerfend
identical genau gleich

während wir zu den anderen zurückkehrten. Den Mars hielten die Tacks – wie so ziemlich der gesamte Rest der Menschheit – nämlich für einen toten, staubigen Planeten.

Die Halle hatte sich geleert, der Empfang war vorbei. Early und eine dünne, grasgrüne Katze standen noch herum, saugten mit Strohhalmen an ihren Drinks, was hier als einzig schickliche Art des Trinkens galt, und unterhielten sich leise schnurrend. Als die dünne Katze kurz aufsah, erkannte ich in ihr Tippy Golden Flowery Orange Pekoe, was hier tatsächlich als Name durchging. Den Kolonisten zuliebe nannten sich alle Marskatzen nach Teesorten.

to try out sth etw ausprobieren
board Brett
rather not lieber nicht
dizzy schwindelig

Tippy sah alles andere als stattlich aus, war aber für die Katzen das, was Lord Gordon für die Menschen war: der Boss, auf den alle hörten.
"Would you like to **try out** the **board** on one of our rivers?", schnurrte Darjeeling in den Sand.
"I'd **rather not**", meinte Bass. "I get too **dizzy** here because of the low gravity. But I'll try it out in a few weeks in Tenerife."
Wir würden in den Osterferien den Surfurlaub nachholen, auf den wir letzten Sommer wegen Bass' Unfall hatten verzichten müssen. Nova und ihr Vater hatten sich bereits angeschlossen. Nur Novas Mutter Julia konnte leider nicht in den Süden fliegen, da ihre Haut auf Sonnenlicht empfindlich reagierte.

Ich rief Early zu, dass wir allmählich aufbrechen wollten. Doch er war völlig in sein Gespräch vertieft, also ging ich ihn holen. Kaum war ich in Hörweite, verstummte das Schnurren der beiden Katzen. Dabei wussten sie genau, dass ich kein Wort verstand. Earlys Gesicht nach zu schließen, schien es um etwas Ernstes zu gehen.
"The moongate is waiting", sagte ich.
"I'm sorry, but I'm not coming with you", erschien im Sand vor meinen Füßen. "I've got some … uh, cat business to **attend to**."
"How long will it take?"

"I'd say until after your trip to Tenerife. See you then, **buddy**."
"Is there anything I can do to help?"
"Well, actually you could …"
Tippy sprang vor und verwischte den Satz mit ihren Pfoten, bevor Early ihn beenden konnte. "**It's none of your business!**", erschien stattdessen in Tippys krakeliger Schnurrschrift.

to attend to sth sich um etw kümmern
buddy Kumpel
It's none of your business! Das geht dich nichts an!

Ich zuckte die Schultern, als machte mir das gar nichts aus. "Good luck, you two."
Immerhin würde sich meine Mutter freuen, wenn Early eine Weile von der Bildfläche verschwand. Sie hatte ständig Angst, jemand, der uns besuchte, könnte das grün getigerte Tier entdecken.
Ich hoffte, dass mein tollpatschiger Kater vom Mars sich nicht in Schwierigkeiten brachte, wenn ich nicht auf ihn aufpasste. Vielleicht wusste ja Nova irgendetwas über dieses "cat business".

Sie und ihre Familie wollten bereits durch das Gate nach Cornwall zurückkehren und warteten nur noch auf Ash, der meine Schwester abknutschte.

"Nova, do you **happen to know** about any problems here on Mars?"

Sie zupfte an einem ihrer Nasenpiercings. "Problems? No."

to happen to know
zufällig wissen

Dank des grellweiß strahlenden Glowberry-Kronleuchters über unseren Köpfen konnte ich sehen, dass sie eine Spur rot wurde. Da war also etwas im Busch und sie wusste Bescheid. Ich hatte keine Zeit nachzuhaken, denn Everett drängte zum Aufbruch.

Ich gesellte mich zu Bass und meinen Eltern und wartete darauf, dass ein Gate für uns aufgemacht wurde. Aus den Augenwinkeln sah ich Early und Tippy, die Köpfe eng zusammengesteckt.

Was in aller Welt ging hier vor?

Der Vulkan lebt

Drei Wochen später wartete ich wieder an einem Gate, doch das führte nicht zum Mars, sondern nach Teneriffa. Am Münchner Flughafen trennten mich nur noch vier Stunden von Sonne, Meer und Wellen.

Verglichen mit dem interplanetaren Reisetempo schien der Flug eine Ewigkeit zu dauern. Dafür entschädigte mich der Anblick beim Landeanflug. Der große Vulkankegel des Teide durchstach majestätisch ein Wolkenband. Der karge Süden der Insel leuchtete ockergelb im Schein der Nachmittagssonne.

Ich dachte voller Mitleid an die Marskolonisten. Wie konnte man es nur aushalten, unter dem Boden zu leben und nie dieses Gefühl von Weite zu erfahren?

Vom Flughafen brachte uns ein Shuttlebus in wenigen Minuten in unser Stammhotel, wo uns der Rezeptionist wie alte Bekannte begrüßte: "Hola, Signores Tack. Hola, Mike y Sebastian."

Getrieben von Ungeduld und extremer Sehnsucht danach, ins Wasser zu springen, stürmte ich mit Bass auf unser gemeinsames Zimmer. Unter den Jeans trugen wir bereits die Badehosen. Die Neoprenanzüge hatten wir im Handgepäck, damit wir sie nicht erst lange aus dem Koffer fummeln mussten.

Wir klemmten die Boards unter die Arme und marschierten zum Strand, wo wir Nova und Everett unter einem gigantischen Sonnenschirm sitzen sahen. Sie waren gestern schon angekommen. Nova trug einen pinkfarbenen Bikini. Um ihren Hals hing ein ultraschicker MP3-Player mit Aufnahmefunktion. Als Tochter

eines Physikers hatte sie immer den neuesten technischen Schnickschnack.
Als sie uns sah, nahm sie die Stöpsel aus dem Ohr und lief uns entgegen. Ich starrte wie hypnotisiert auf ihr Bauchnabelpiercing, während Bass bereits eine Flasche Sonnenmilch zückte und Nova anbot, sie einzucremen.

entire ganz
novel Roman
to rent leihen
beginner Anfänger
to claim behaupten
stable stabil
amazingly erstaunlich

"Look at all the sand!", sagte ich, während ich mich in den Neoprenanzug zwängte. "Early could purr **entire novels** into the beach."
"I **rented** a **beginner's** board and a neoprene shorty", erwähnte Nova ganz beiläufig, woraufhin Bass und ich uns in Angeboten übertrafen, ihr das Surfen beizubringen.
Die Zeit verging wie im Flug. Stundenlang glitten wir auf unseren Boards über die Wellen. Nova wurde immer mutiger, vor allem, als ich sie mein Board ausprobieren ließ. Darauf stand sie gleich viel sicherer.
Ich paddelte mit ihrem Leihboard an den Strand zurück und setzte mich zu Everett unter den Schirm, wo sich inzwischen auch Helmut und Sarah Tack eingefunden hatten. Helmut meinte: "I thought Bass was crazy to bring this simple board. He **claims** he made it himself to have one like yours, Mike. These boards look so primitive, but they seem to be very **stable** and **amazingly** fast." Er machte sich an seinem Surfbrett zu schaffen. Helmut war Windsurfer, da konnte man sich nicht einfach so ins Wasser stürzen, wie ich es tat. Erst musste er Mast und Segel aufriggen und trimmen.

Everett befühlte das Segel. "I'm afraid I'm not **sporty** enough to try any of this stuff. But I love watching the kite surfers. Look at the guy over there doing all those crazy stunts." Er deutete auf einen jungen Kerl im roten Neoprenanzug, der dank eines Lenkdrachens mit einem Affenzahn über das Wasser glitt und die gewagtesten Sprünge vollführte. Seine langen, dunklen Haare flogen nur so hin und her.

"I spoke to him yesterday", erzählte Everett. "His name is Fabio. He's studying **astrophysics** in Madrid and he's in Tenerife to work on his **thesis**."

sporty sportlich
astrophysics Astrophysik
thesis wissenschaftliche Arbeit
earthquake Erdbeben

Damit war Fabio natürlich der ideale Gesprächspartner für Everett, der selbst Astrophysiker war.

"A thesis about surfing?", fragte Sarah Tack lachend.

"No, about black holes. I hope you don't mind that I invited him to join us for dinner."

Bei der Erwähnung von Essen merkte ich, wie hungrig ich war.

Plötzlich ertönte ein dumpfes Grollen. Konnte das mein Magen sein? Nein, es klang wie ferner Donner, aber weit und breit war kein Wölkchen zu sehen.

"What's that?", fragte ich.

Sarah klammerte sich an den Sonnenschirmständer. "An **earthquake**!"

Hektisch sah ich mich um. Wackelte etwas, stürzten Gebäude ein? Nein, alles schien in Ordnung, bis auf ein erneutes Grollen.

Everett hatte ein Fernglas dabei und beobachtete den

Berg, der hinter uns aufragte. "I suppose it's just a bit of **seismic activity**. It's not unusual when you're on the world's third largest **volcanic island**, you know."
Einige Surfer sprangen an Land und winkten den anderen, aus dem Wasser zu kommen. Bass und Nova waren noch weit draußen. Ich machte mir aber keine Sorgen, denn was konnte ihnen "ein bisschen seismische Aktivität" dort schon anhaben?
Auch Sarah beruhigte sich. "Seismic activities? I thought the Teide is **extinct**."

seismic activity seismische Aktivität
volcanic island Vulkaninsel
extinct erloschen
dormant inaktiv
to erupt ausbrechen
warning sign Warnsignal
to recede zurückweichen

"No", erklärte Everett, "it's **dormant** at the moment, but nobody knows for how long."
"You mean it could **erupt** any moment?"
"Well, there'd be **warning signs**, of course."
"Like what?"
Everett kratzte sich am Kopf. "Seismic activities, I suppose."
Ich hatte während der Unterhaltung die ganze Zeit aufs Meer geschaut, um Nova und Bass im Auge zu behalten, und jetzt fiel mir auf, dass sich das Wasser nach der letzten Welle viel weiter zurückzog als üblich. Der Sog nach draußen schien gar nicht mehr aufzuhören. Ich sprang auf die Füße. "The water **is receding**! There must be a huge wave coming."
"Run!", rief jemand unten am Strand, und alle Sonnenbadenden nahmen Reißaus. Nur ich konnte mich nicht rühren. Ich glaubte, das "Grauen am Eisbach" wie-

derzuerleben, diesmal gleich doppelt. Bass und Nova waren da draußen, außerdem drei Windsurfer und Fabio mit seinem Lenkdrachen.

Helmut zog mich am Arm fort. "Quick, we have to run."

"What about Bass and Nova?"

"We can't help them right now."

Widerstrebend ließ ich mich ein Stück mitziehen. Aber als mich Helmut losließ, drehte ich mich sofort wieder um. Das Meer war unnatürlich ruhig. In der Ferne sah ich einen schmalen, dunklen Streifen. Das musste die Wellenwand sein. Sie kam rasend schnell näher und türmte sich immer mehr auf. Bass und Nova waren noch weiter ins offene Meer gepaddelt und sahen der Welle entgegen. Das war schlau, denn je näher die Welle zum Strand kam, desto höher wurde sie. Weit draußen hatte man eher eine Chance, sich auf dem Board zu halten. Ob sie es schaffen würden, unter der Welle durchzutauchen? Unfähig, mich selbst in Sicherheit zu bringen, beobachtete ich, wie die riesige Welle meinen besten Freund und meine halbmarsianische Freundin verschlang. Eine bange Sekunde später tauchten sie wieder auf. Nova war zwar vom Board gerutscht, kletterte aber gerade wieder drauf. Zwei andere Surfer wurden herumgewirbelt wie Puppen. Der Kite-Surfer sprang in die Höhe und zog die Beine an. Doch die Welle erwischte ihn an den Unterschenkeln und riss ihn ins Meer zurück.

Das Wasser lief jetzt den Strand hoch, und zwar so schnell, dass sich endlich mein Fluchttrieb regte. Ich spurtete los, fiel hin, wurde überrollt und versuchte,

mich im Sand festzukrallen, aber er bot keinen Halt. Mir blieb nichts anderes übrig, als den Atem anzuhalten und mich so geschmeidig wie möglich in mein Schicksal zu ergeben.
Jemand griff nach mir. Als Nächstes hörte ich, wie eine Stimme meinen Namen brüllte. Dann hing ich wie ein lebloses Bündel in Everett Youngbloods behaarten Armen und wurde gefragt, ob ich okay sei.
Ich hustete und keuchte. "I'm fine", brachte ich schließlich hervor. Verschrammt und um eine Begegnung mit einem Tsunami reicher, ließ ich mich in den Sand sinken und wartete darauf, dass Bass und Nova an Land gespült wurden.

Don't Panic!

Bis zum Abend hatte sich das Meer beruhigt. Bei den Urlaubern hingegen herrschte Aufregung. Das Restaurant war zwar längst nicht so voll wie sonst, aber die Unterhaltungen an den Tischen schlugen hohe Wellen. Wilde Spekulationen schossen ins Kraut, was die "Monsterwelle" ausgelöst haben könnte. Mütter schworen, ihre Kleinen nicht mehr ins Wasser zu lassen, denn das sei ja viel zu gefährlich.

Don't panic! Keine Panik!
Come on! Komm schon!
nothing to write home about nichts Besonderes
forty feet ungefähr 12 Meter
helping Portion

Am Tisch nebenan tönte ein gut Fünfzigjähriger: "Ah, **come on**, that's **nothing to write home about**. I've seen much bigger waves in Hawaii. Up to **forty feet** high!"

Ich musste grinsen. Wen wollte der Typ beeindrucken? Das wusste doch jeder, dass bei solchen Extremen die Strände gesperrt wurden. Obwohl … Nova wusste es anscheinend nicht, denn tatsächlich blickte sie den Angeber fasziniert an.

"I'm going to get another **helping**. Are you coming, Nova?", lenkte Bass sie sogleich ab und stand auf. Ihm war das heutige Abenteuer offenbar in keiner Weise auf den Magen geschlagen, er zog schon zum dritten Mal los, um seinen Teller zu füllen. Nova und ich schlossen uns an, um das üppige All-you-can-eat-Buffett auf die Nachspeisen hin zu testen.

"It was amazing how you managed to get back on the board after that huge wave", lobte ich Nova, während

ich einen Berg Crema Catalana zwischen das Tiramisu und das Vanilleeis mit Kirschen platzierte.
Aus Novas Gesicht wich die Farbe. Sie murmelte: "I **was scared to death**. Bass **was yelling instructions**, so I knew what to do. Without him I would have been lost."

to be scared to death Todesangst haben
to yell rufen
instruction Anweisung
to be about to do sth demnächst etw tun
geophysics Geophysik
to look sth up etw nachschlagen

"Hm", machte ich. Jetzt war also Bass der Held, der sie gerettet hatte. Na ja, stimmte vermutlich sogar. Aber glücklicherweise nahm der Held unser Gespräch gar nicht wahr, sondern beschäftigte sich intensiv damit, die Zucchini-Auberginen-Tomaten-Soße dergestalt auf seinem Nudelberg zu verteilen, dass sie sich nicht über den Tellerrand ergoss. Doch so sehr er sich auch bemühte, es gelang ihm nicht. Den Weg zurück zum Tisch markierte er mit Klecksen am Boden.
Die Miene von Bass' Mutter verdüsterte sich. Nicht etwa, weil sie die Spuren ihres Sohnes auf dem Holzboden bemerkt hätte, sondern weil Fabio berichtete, was er über den Teide in Erfahrung gebracht hatte.
"The seismic activities could be a warning sign that the Teide **is about to** erupt", raunte er. Ich hoffte auf ein Augenzwinkern, mit dem er zeigte, dass er nur Witze machte. Aber das Zwinkern kam nicht. "I called a friend of mine who studies **geophysics**. He **looked** it **up** for me. The activities are unusually high."
"But the mountain looks totally normal", wandte Nova ein.

"There's a lot going on below the **calm** surface. It could **boil over** any time, like ..."
Bass hielt mit dem Kauen inne und ergänzte: "Like a **pot** with **tomato sauce**."
"Spaghetti and all!", bestätigte Helmut mit ernstem Gesicht. Sarah sah ihn verwirrt an, bis Helmut in Lachen ausbrach und uns alle ansteckte.
Dann schlug Everetts Stunde. Als sei er Fabios Professor, quetschte er ihn über seine Doktorarbeit aus, in der es um irgendeine obskure Eigenschaft von Schwarzen Löchern ging. "Black holes", dozierte Everett an uns andere gewandt, "are invisible. You can only **verify** their **existence** by the **effects** they cause, like when they **swallow** stars and **emit gamma rays**."

calm ruhig
to boil over überkochen
pot Topf
tomato sauce Tomatensoße
to verify belegen
existence Existenz
effect Wirkung
to swallow schlucken
to emit emittieren
gamma rays Gammastrahlen

Wie auf Kommando verschluckte sich Bass. Er hustete, bevor er fragen konnte: "They do what?"
"They swallow everything that comes close to them."
Ich grinste Bass an. "Just like you."
Nova kicherte.
Bass verdrehte die Augen und ging sich demonstrativ Nachtisch holen.
Everett schüttelte grinsend den Kopf und verwickelte Fabio endgültig in eine Fachdiskussion.
Erst als Sarah gänzlich unwissenschaftlich vom schönen Sternenhimmel über uns zu schwärmten begann, ließen die beiden Astrophysiker von ihrem Thema ab.

In der Tat waren die Nächte in El Médano ungewöhnlich klar. Everett deutete auf ein helles Objekt. "That's not a star. That's Mars."
Ich schaute an der Terrassenmarkise vorbei auf den hell strahlenden Himmelskörper und fragte mich, was Early dort oben wohl gerade machte. Hatte er Tippy helfen können, das ominöse Problem zu lösen?

observatory Observatorium
to bore sb jdn langweilen
increased verstärkt
to get injured sich verletzen

"Why don't you all come and see me at the **observatory** on the Teide tomorrow?", schlug Fabio vor, als habe er meine auf Reisen gegangenen Gedanken gelesen. "I promise I **won't bore** you with details of my thesis."
"Yeah, we'd love to!", freute sich Nova.
"Oh, I don't think it's a good idea. What about the **increased** seismic activity?" Sarah schien drauf und dran, uns allen den Ausflug auf den Teide zu verbieten.
"Maybe you'd prefer to go surfing, anyway", meinte Fabio, an mich, Bass und Helmut gewandt.
"Better not!", rief Sarah. "What if there's another huge wave? You were lucky not to **get injured**."
"Sorry?" Bass ließ den Löffel sinken. "No more surfing? But that's what we're here for!"
"There are other ways to spend your time here."
"Other ways?" Ich hatte keinen blassen Schimmer, was Sarah meinte.
"Didn't you bring any books?"
Wir schüttelten beide den Kopf.
"I've got lots of books", fiel uns Fabio in den Rücken.

Ich schnappte nach Luft. Wir konnten doch nicht am Supersurfstrand liegen und lesen!
"Come and see me tomorrow and I'll **lend** you **The Hitchhiker's Guide to the Galaxy**. I've got all five **volumes**."
"Thank you, Fabio, that's nice", strahlte Sarah und hob die Tafel auf. Während sie ihre Schuhe auszog und mit Helmut barfuß durch den Sand Richtung Hotel schlenderte, flüsterte Fabio Everett zu: "I'm staying in a **caravan** on the **parking lot** of the Parador."
Everett runzelte die Stirn. "You mean the hotel near the **peak** of the Teide?"
Fabio nickte so heftig, dass sein Pferdeschwanz auf und ab hüpfte.
"Not far from the observatory, right?"
Fabio nickte noch einmal mit leuchtenden Augen.
"We'll definitely have to come and get the books", meinte Everett grinsend.
"Bring warm clothes, it's cold up there." Fabio stieg in seinen verbeulten schwarzen Geländewagen und brauste davon.

to lend ausleihen
The Hitchhiker's Guide to the Galaxy Per Anhalter durch die Galaxis
volume Band
caravan Wohnwagen
parking lot Parkplatz
peak Gipfel

Streng geheim

Am nächsten Morgen sah Sarah anhaltend irritiert in den Himmel. Dabei gab das Wetter keinerlei Anlass zur Sorge. Die Sonne strahlte, so wie es ihre Pflicht gegenüber zahlenden Urlaubern war. Doch statt Wolken zog etwas anderes durch das heitere Blau über uns.

"Kommt es mir nur so vor oder sind heute viel mehr Flugzeuge unterwegs als sonst?", fragte Sarah.

Bass zuckte desinteressiert mit den Schultern und ich brummte ein ungnädiges "Hm". Es war mir auch schon aufgefallen. Warum reagierten die Leute immer gleich so panisch? Nur weil es im Radio geheißen hatte, dass ein kleines Seebeben für die gestrigen Ereignisse verantwortlich gewesen war, musste man doch nicht gleich fluchtartig die Insel verlassen!

"Nun ja", gab Sarah das Thema glücklicherweise wieder auf und meinte: "Ihr findet uns in der Nähe der Promenade. Wir gehen heute nicht ganz so nah ran ans Wasser." Dann hakte sie sich bei Helmut unter, an dessen gequältem Gesicht ich ablesen konnte, dass er nicht sonderlich scharf darauf war, die deutschen Zeitungen und Wirtschaftsmagazine durchzublättern, die Sarah ihm besorgt hatte. Aber Windsurfen konnte er für heute vergessen.

Kaum waren sie verschwunden, kurvte das schnittige Cabrio um die Ecke, das Everett gemietet hatte. Wir sprangen über die geschlossenen Türen hinten rein.

Auf der Fahrt durch die staubige, karge Insellandschaft flog mir feiner Sand in die Ohren, den der Nordostpassat durch die Gegend wirbelte. Auch das Innere des Cabrios war bereits mit einer Sandschicht überzogen. Nova hatte es gut, ihre Ohren waren mal wieder mit den Kopfhörern ihres MP3-Players verstöpselt. Sie saß vor mir und wiegte den Kopf im Rhythmus der Musik.

Nach jeder Menge Serpentinen schloss Everett das Verdeck, denn es wurde kalt. Dafür gab es endlich so etwas wie Vegetation, weit mehr, als man vom Strand aus erahnen konnte. Auf dem Hochplateau, den sogenannten Cañadas, wurde es wieder etwas karger. Die Landschaft änderte ständig ihr Gesicht.

"I had no idea that rocks exist in so many colours and shapes", staunte ich.

Everett bog nach rechts ab, auf den Parkplatz des Parador. Gegenüber dem flachen Hotelgebäude erhob sich das kantige Massiv des Teide. Noch nie war ich dem Vulkan so nah gewesen. Ohne es zu wollen, stellte ich mir vor, was passieren würde, wenn er tatsächlich ausbräche. Lavamassen, die aus seinem Inneren herausgeschleudert kämen, würden hier alles in eine brodelnde Hölle verwandeln.

Ein verschlafenes "Hi" riss mich aus meinen düsteren Gedanken. Ich drehte mich um und sah eine dampfende Kaffeetasse mit *Real-Madrid*-Aufdruck. Fabio pustete vorsichtig hinein.

"You're early", begrüßte er uns.

Hinter ihm, in der Tür eines großen Wohnwagens, der nicht minder zerbeult war als Fabios Auto, erschien eine Frau, wie Fabio Mitte zwanzig. Aus ihren glatt herabhängenden, verblüffend blonden Haaren stach zu

jeder Seite lustig ein Ohr heraus. Offensichtlich störte es sie nicht, dass sie ziemlich abstanden, sonst hätte sie sie wohl mit einer wilden Lockenmähne verdeckt.
"If you **stare at** my ears for another minute", sprach sie mich amüsiert an, "then maybe you can find out what their secret is."

to stare at sth etw anstarren
remote abgelegen
babbling idiot dummer Schwätzer
viper's bugloss Natternkopf
sample Probe
bristle Borste

"S-sorry", stotterte ich und merkte, dass es nun meine Ohren waren, die die allgemeine Aufmerksamkeit auf sich zogen. Ich spürte geradezu, wie sie im Eiltempo puterrot anliefen.
Fabio lachte und trat neben seine Freundin. "Yesy grew up in a **remote** village, where teachers were still allowed to pull their pupils' ears when they didn't behave. And this is what came of it ..."
Weiter kam er nicht, denn Yesy schlug ihm die Zeitschrift, die sie in der Hand hielt, auf den Kopf. Fabio flüchtete lachend.
"Fab, you **babbling idiot**." Auch Yesy lachte.
Ich war froh, dass sich meine Ohren wieder abkühlten, und sagte lieber gar nichts mehr. Dafür ließ sich Nova von Yesy erklären, dass ihr Name die Kurzform von Yesenia sei und keinesfalls ein Spitzname, weil sie zu allem Yes sagen würde.
"Get into my car, we'll drive to the observatory", forderte Fab uns auf.
"I'm staying here", sagte Yesy, nahm Fab die Kaffeetasse aus der Hand und trank sie aus. "I collected some ***viper's bugloss*** this morning and I've got to take **samples** of the **bristles**."

"Vipers have bristles?", wunderte sich Nova. "I never saw a snake with bristles."
"It's not a snake. *Viper's bugloss* is a **plant** that only grows here. Nowhere else in the world. It's a beautiful plant, formed like a **column**. In summer it has lots of red **blossoms**."
"Yesy is a **biologist** and she**'s studying** the flora on this island", erklärte Fab. "So, **make up** your **minds** if you'd rather watch her **scrape** bristles **off** plants, or visit the observatory with me."
Wir winkten Yesy zu, stiegen ohne Ausnahme in Fabs Geländewagen und fuhren zur Sternwarte. Dort waren wir leider nicht allein, es gab noch andere Astrophysiker und Astronomen und die wollten hier in Ruhe arbeiten. Aber Fab zeigte uns auf Drängen von Everett wenigstens einige Computer-Simulationen, auf denen man sehen konnte, wie ein schwarzes Loch an einer Galaxie vorbeizog. Die Lichtpunkte der Galaxie krümmten sich dabei ziemlich merkwürdig, bevor sie wieder in ihre Ausgangsposition zurückkehrten.
Scheinbar rein zufällig wanderte das Teleskop, durch das wir einige Blicke ins All werfen durften, Richtung Mars. Nova hatte ihn gleich gefunden. Ich konnte zwar keine Staubstürme oder Eiswolken ausmachen, wie ich es im Internet auf Aufnahmen der Mars-Sonde Pathfinder gesehen hatte, aber immerhin einige Schatten, die vielleicht von den Tharsis-Vulkanen geworfen wurden. Ich unterdrückte den Impuls, Everett

plant Pflanze
column Säule
blossom Blüte
biologist Biologe, Biologin
to study untersuchen
to make up one's mind sich entscheiden
to scrape sth off etw abkratzen

danach zu fragen. Sonst hätte Fab womöglich nachgehakt, warum wir uns ausgerechnet für den Mars interessierten. Und das war schließlich unser Geheimnis.
Wir hatten die Zeit total vergessen, als Everett schließlich zum Aufbruch drängte. "We don't want to get a **telling-off** from Sarah, do we?", sagte er mit scheinbar sorgenvollem Gesicht zu Bass.

telling-off
Rüffel

Also fuhren wir zurück zum Parador, um die Science-Fiction-Romane zu holen, die als Alibi für unseren Ausflug dienten.
Fab riss die Tür des Wohnwagens auf und sprang hinein. Wir warteten draußen, konnten aber direkt auf den Arbeitstisch sehen, wo Yesy an tentakelartigen Blättern herumdokterte. Wir schauten wohl nicht desinteressiert genug, jedenfalls winkte sie Nova und mich herein. Bass entzog sich, indem er vorgab, noch mal schnell auf die Toilette im Parador zu müssen. Everett folgte ihm.
Tatsächlich lagen vor Yesy in einem Schälchen schon jede Menge von den kleinen Dingern, die sie offenbar von den Blättern abgeschabt hatte. Ich konnte mir nicht vorstellen, dass jemand damit etwas Spannendes anzufangen wusste. Während sich Nova geduldig etwas über Natternköpfe im Allgemeinen, im Besonderen und im ganz Speziellen anhörte, ließ ich meinen Blick über Yesys Arbeitsplatz gleiten. Da gab es Gläschen mit farblosen und bunten Flüssigkeiten, Pinzetten, ein Mikroskop und kleine, aufeinandergepresste Glasplättchen, zwischen denen schmierige Substanzen klebten. Einige verschlossene Reagenz-

gläser steckten in gecrushtem Eis. Augenblicklich verspürte ich Lust auf eine gekühlte Riesencola.
Im hinteren Teil des Wohnwagens grummelte Fab: "Where are the books? **Did** you **tidy up**, Yesy? I can't find anything at all when it's too **neat and tidy**."
Yesy seufzte und stand auf, um Fab suchen zu helfen. Ich war inzwischen bei den Fotos angekommen, die Yesy an der Pinnwand über ihrem Arbeitstisch hängen hatte. Eine tolle Fotografin konnte man Yesy nicht gerade nennen. Keines der Fotos hatte auch nur den geringsten Charme. Statt Sonnenuntergängen an der Bucht von El Médano oder tollkühnen Sprüngen Fabs mit dem Kite-Board hatte sie ausschließlich Pflanzen geknipst. Viele Bilder von diesem Natternkopf waren dabei, aber auch etwas, das aussah wie eine öde Margerite, außerdem üppige Glowberry-Sträucher.

to tidy up aufräumen
neat and tidy sauber und ordentlich

Augenblick mal ... Glowberries? Das konnte nicht sein! Ich ging so nah an das Foto heran, dass meine Nase fast dagegenstieß. Eindeutig: Diese Pflanzen wuchsen kopfüber von einer Höhlendecke, hatten fast durchsichtige Blätter und weiße und rote Beeren, die kräftig schimmerten.
Ich zeigte Nova meine Entdeckung. Sie riss verblüfft die Augen auf.
"We've found them", sagte Yesy, die plötzlich hinter uns stand. Fab tauchte neben ihr auf und hielt mir die Bücher entgegen. Beide taten so, als ob sie nicht bemerkt hätten, wie gefangen wir von dem Foto gewesen waren.

Während ich mich ertappt fühlte, fragte Nova drauflos: "What kind of strange plant is this? It seems to **glow** in the dark." Sie setzte ein unschuldig interessiertes Schülergesicht auf.

to glow glühen
flash Blitzlicht
not much of a kein(e) gute(r)
photographer Fotograf(in)
to bet sth on it etw darauf wetten

Es schien so, als ob sich nun Yesy ertappt fühlte. Auf jeden Fall wich sie aus. "Oh, it only looks as if it's glowing because I used a **flash**. I'm **not much of a photographer**, I'm afraid. But isn't it time for you to return to El Médano?"

Just in diesem Moment kamen Bass und Everett, um uns zu holen.

Yesy und Fab winkten zum Abschied, als wir mit dem Cabrio losdüsten.

"Those were definitely glowberries", flüsterte ich Nova ins Ohr. "I'll **bet** my board **on it**."

Stones and Berries

Everett glaubte nicht, dass wir auf den Fotos wirklich Glowberries gesehen hatten.
"That's totally **impossible**", wandte er ein. "It must be a plant that just **happens to** look like the glowberry plant. **After all**, the flora on this island is full of surprises."
Ich konnte mir einen derartigen Zufall nicht vorstellen, aber Everett hatte keine Lust, weiter darüber zu diskutieren. Er musste sich konzentrieren, denn uns kamen zahlreiche Autos entgegen, was uns immer wieder gefährlich nah an den Rand der stellenweise steil abfallenden Felswand brachte. Als sich auch noch ein Bus an uns vorbeidrängte, meinte Everett: "What's the fun in driving a **convertible** if you can't **step on it**?" Nach dem Bus kam noch ein Auto, dann plötzlich keins mehr. Drei Kurven weiter wussten wir, warum: Es hatte Steinschlag gegeben. Eine regelrechte Geröllawine hatte sich quer über die Straße ergossen. Auf der Talseite der Lawine stauten sich die Wagen bis zur nächsten Serpentine und womöglich noch viel weiter. Wir stiegen aus und Everett suchte irgendetwas im Kofferraum. "We should put up the **warning triangle**."
Als er das Warndreieck gefunden hatte, joggte Bass damit los. Er war kaum zurück, da kam schon ein weißer Ford Fiesta um die Kurve, der dank der Warnung bremste und knapp hinter uns zum Stehen kam.

berry Beere
impossible unmöglich
to happen to do sth zufällig etw tun
after all schließlich
convertible Cabrio
to step on it Gas geben
warning triangle Warndreieck

Everett betrachtete nachdenklich das Hindernis auf der Straße. "There must have been more seismic activity that caused the **rockfall**."

Der Mann, der aus dem Fiesta stieg, meinte, dass bestimmt bald jemand käme, um die Straße frei zu machen. "**On the other hand**", fügte er hinzu, "the alternative route is really pretty." Er beschrieb uns den Weg. Wir mussten erst wieder hoch zum Teide und dann über den Südhang zur Autobahn. Ein weiter Umweg.

rockfall Steinschlag
on the other hand andererseits
hiker Wanderer, Wanderin

Bass holte sein Handy heraus. "I'll call my mum and tell her we'll be late for lunch."

Es war gar nicht so einfach, auf der engen Fahrbahn zu wenden. Bass und ich standen am Straßenrand und gaben Everett Zeichen, wenn die Räder der Böschung oder dem Abgrund zu nahe kamen. Nova sah die ganze Zeit sorgenvoll nach oben. Wo sich eine Steinlawine gelöst hatte, konnte schließlich jederzeit eine zweite folgen.

Schließlich hatten wir es geschafft. Auf der Fahrt hielten wir kurz, um das Warndreieck wieder einzusammeln. Weitere Autos hatten angehalten und das Ende des Staus war nun gut zu sehen.

"I've got to pee", meinte Nova nach einer Weile.

"I saw a parking area for **hikers** on our way down", sagte Everett. "We'll pass it soon."

Einige Kilometer weiter bog Everett auf einen Feldweg ein, der zwischen niedrigen Büschen zu einem ausgeschilderten Parkplatz führte. Dort stand bereits ein schwarzer, zerbeulter Geländewagen.

"Isn't that Fab's car?" Bass ging sich den Wagen näher ansehen, während Nova den Wanderweg entlanglief, auf der Suche nach einer Stelle, wo sie ihre Blase entleeren konnte. "It's got a Real Madrid sticker on the **bumper**."

bumper
Stoßstange
trapped
eingeschlossen

Kurz darauf kam Nova wieder. Sie hatte es eilig und knöpfte im Laufen ihre Jeans zu. "There's a cave just around the corner. I heard strange sounds coming from inside. I think someone's **trapped** in there and can't get out. Come, quick."
Everett öffnete den Kofferraum.

"I don't think we'll need a warning triangle this time", meinte ich.
Everett zeigte mir den Wagenheber in seinen Händen.
Dass er damit intuitiv das richtige Werkzeug mitgenommen hatte, sahen wir sofort, als wir die Höhle betraten. Nach wenigen Schritten stießen wir auf ein Hindernis. Steinbrocken lagen im Weg, von der anderen Seite arbeitete sich jemand mit der Spitzhacke durch, konnte aber gegen die größeren Steine wenig ausrichten.
"Is that you, Fab?", rief Everett.
"Yes, it's us", kam Yesys Stimme durch das Loch, das sie inzwischen freigehackt hatte.
"Don't worry, we'll help you."
Wir trugen mühsam die Steine ab und beseitigten die größeren Brocken mit einer raffinierten Konstruktion aus dem Wagenheber, zwei Ästen und der Spitzhacke, die Yesy zu uns durchreichte.

Endlich war das Loch so groß, dass Yesy und Fab hindurchkriechen konnten.
Wir gingen ins Freie und klopften uns den Staub aus den Klamotten. Yesy und Fab trugen Schutzhelme mit Grubenlampen, die sie absetzten, um sich den Schweiß von der Stirn zu wischen.
"Whew, thanks for rescuing us", sagte Yesy, deren Ohren dank der schweißnass angeklatschten Haare noch stärker hervorstanden. Fab holte eine Trinkflasche aus dem Geländewagen und reichte sie Yesy, die gierig trank und dann ihren Rucksack absetzte. Er fiel um und eine rote Beere rollte heraus.
Nova hob sie auf und steckte sie in den Mund.
"Are you crazy!", schrie Yesy. "It could be **poisonous**."
"No, it's delicious. Only the white ones are **yucky**." Nova sah mich an. "There's no doubt, this is a glowberry."
Yesy starrte sie entgeistert an. "You know this plant? And I thought I had discovered something new. I've never heard of ... what did you call it?"
Ich verzog den Mund, und Nova kapierte, dass sie zu viel gesagt hatte.
"Where did you find this plant?", fragte ich.
Yesy reichte Fab seufzend die Trinkflasche zurück. "In the cave. First I took photos to see if I could find a similar plant in my **database**. When I couldn't find anything even **remotely** like this one, I decided to come here again and collect a sample of these plants."
Sie erzählte uns, dass sie die Spitzhacke gebraucht

poisonous giftig
yucky eklig
database Datenbank
remotely annähernd

hatte, um den Strauch von der Höhlendecke zu lösen. "A bush that grows **upside-down** and glows in the dark! I thought I had made a great **discovery**. But now you said it's some kind of berry you already know." Sie sah sehr enttäuscht aus, und Fab gab ihr einen tröstenden Kuss.

Nova und ich schwiegen betreten. Genaugenommen war Yesys Fund eine noch viel größere Sensation, als sie ahnte.

Everett zog uns beiseite. "Listen, I think we have to tell them everything. I trust Fab to keep a secret."

"Why should we tell them?", wollte Bass wissen.

"Because we need to find out how the glowberries got here and how we can stop them growing where they **don't belong**. They could **disturb** the **ecosystem** on Tenerife. We need Yesy's help."

upside-down verkehrt herum
discovery Entdeckung
to belong hingehören
to disturb stören
ecosystem Ökosystem
to judge from sth nach etw urteilen
gap Spalt

Wir gingen wieder zu unseren spanischen Freunden zurück.

Zunächst bombardierte Everett sie mit Fragen. "Where exactly did you find these plants? How many of them are growing there?" und so fort.

Wir erfuhren, dass der Bewuchs weiter hinten in der Höhle immer dichter wurde. Aber der Gang verengte sich an einer Stelle so stark, dass Yesy und Fab nicht durchkamen. Darum wussten sie nicht, wie viele Sträucher dahinter noch zu finden waren. "But **judging from** the glow that came from the **gap**, there must be **plenty** of these berries growing deep inside the cave."

"Shit", murmelte Everett.

Nova, die um einiges dünner war als Yesy, schlug vor: "Maybe I could **squeeze through**."

Yesy nickte. "Yes, but why **are** you so **keen to** go there?"

"I'll explain everything", sagte Everett. "In the meantime, Nova will go and take a look inside the cave."

"I'll go with her", boten Bass und ich fast gleichzeitig an.

"We've only got two helmets." Yesy setzte Nova ihren Helm auf, und Fab drückte den seinigen auf meinen Kopf mit der Begründung: "You're thinner."

Bass grummelte, dass er nie wieder ein All-you-can-eat-Restaurant besuchen würde.

Alle gemeinsam gingen wir bis zum Höhleneingang, wo wir überprüften, ob wir Handyempfang hatten, falls Nova und ich in Not geraten sollten.

plenty reichlich
to squeeze through sich hindurchzwängen
to be keen to do sth etw unbedingt tun wollen
Break a leg! Hals- und Beinbruch!

Bass schlug mir auf die Schulter. "**Break a leg!**"

Der schwierigste Teil bestand darin, durch das Loch zu kriechen, aus dem wir vorhin Fab und Yesy befreit hatten. Danach ging es problemlos weiter. Die Grubenlampen konnten wir nach einer Weile ausschalten, denn genau wie Yesy gesagt hatte, wurde der Bewuchs mit Glowberries immer dichter. Kein Wunder, dass Yesy völlig aus dem Häuschen gewesen war über ihren Fund.

Schließlich gelangten wir an die enge Stelle. Nova zwängte sich durch. "This is the end of the road", berichtete sie. "There's only a **tiny opening** high above. I'm afraid we've still got more questions than answers."

tiny winzig
opening Öffnung

In dem Moment ertönte ein tiefes Vibrieren, das mich erstarren ließ, denn ich hielt es für den Vorboten eines weiteren Erdbebens. Doch dann hörte ich Nova kichern. Als sie kurz darauf durch den Spalt zurückkam, war sie nicht allein. Sie hatte die Geräuschquelle dabei.

"Look who I found", sagte Nova und drückte mir meinen Freund Earl Grey in den Arm. Das Vibrieren war sein Schnurren nebst Echo gewesen.

Insel in Gefahr

Ich war so baff, dass ich Early einfach nur anstarrte, während er in meinem Arm ein dröhnendes Schnurrkonzert veranstaltete und wie wild an meiner Brust zu treteln begann. Selbst durch den dicken Pulli, den ich trug, spürte ich seine scharfen Krallen.

what the hell was zum Teufel
glad froh
scientist Wissenschaftler(in)
to fool sb jdn zum Narren halten
indeed wirklich
ridiculous lächerlich

"Ouch, stop it. You crazy cat, **what the hell** are you doing here?"
Er legte treuherzig den Kopf schief, als wollte er sagen: "Aren't you **glad** to see me?"
"We have to take him outside so he can talk to us", meinte Nova. "There's nothing but rocks in here."
Als wir uns dem Höhlenausgang näherten, hörte ich Fabs aufgebrachte Stimme.
"I'm a **scientist**, so stop treating me like an idiot. You can't **fool** me, Everett!"
"Yes, **indeed**", fiel Yesy ein. "Green cats from Mars! This isn't funny, this is **ridiculous**."
In dem Moment traten wir ins Freie.
"Look who we found", sagte ich mit unschuldiger Miene und beobachtete amüsiert, wie Fab und Yesy dabei waren, einen Weltrekord im Augenaufreißen aufzustellen. "Early, these are our new friends Fab and Yesy. You can trust them." Ich setzte den Kater auf dem Boden ab, wo er sofort in den groben Sand schnurrte: "Hello, I'm Earl Grey. Nice to meet you. Do you speak English?"

"This is c-c-crazy." Yesy hielt sich an Fab fest. Der bewies bessere Nerven, ging in die Hocke und malte mit einem Finger ein Y in den Sand.
Ich unterbrach ihn, bevor er sich weiter schriftlich bemühte. "He understands you when you talk to him."
"Oh … right." Fab stand auf und räusperte sich, bevor er weitersprechen konnte. "That's what Everett said. **Weird**."
Everett schärfte den beiden ein, unbedingtes Stillschweigen zu bewahren.
Dann fragte ich Early, was er hier machte. Wie sich herausstellte, war er mir keineswegs aus Sehnsucht nachgereist. Er weilte sogar schon viel länger auf Teneriffa als ich.
"You see, we've got problems on Mars", druckste Early herum. Ich kannte ihn gar nicht so einsilbig. Ich erinnerte mich an Tippy, die verhindert hatte, dass er mich einweihte.
"Problems?" Bass wurde hellhörig. "So you're here because you **fled** from your planet? Is Darjeeling here, too?" Als Early nicht gleich bestätigte, hakte Bass ungeduldig nach. "Is she safe?" Er wurde laut. "Come out with the truth, Early!"
Early wirkte so geknickt, wie ich ihn noch nie gesehen hatte. "Darjeeling …" Er zögerte, den Satz zu vollenden, aber Bass ließ nicht locker.
"She **disappeared**. We **searched for** her in all the tunnels. We **left no stone unturned**. But there's no **trace** of her, **nor** of the others who disappeared."

weird seltsam
to flee (fled, fled) fliehen
to disappear verschwinden
to search for sb nach jdm suchen
to leave no stone unturned alle Hebel in Bewegung setzen
trace Spur
nor auch nicht

"The others?" Nova sah Early erschrocken an.
"After we saw the film at the museum, Tippy told me that **a couple of** days ago Oolong had **mysteriously** disappeared without a trace. That's why I **stayed behind** when you returned to Earth. **Shortly afterwards**, Chun Mee and Gunpowder disappeared, too. Nobody's seen them for weeks."

a couple of
ein paar
mysteriously
unter mysteriösen Umständen
to stay behind
zurückbleiben
shortly afterwards
kurz danach
mighty
gewaltig
to grind
zermahlen

Der Rest war rasch erzählt: Early beschloss, mit allen, die keine Lust hatten, ebenfalls spurlos zu verschwinden, vorsichtshalber nach Teneriffa zu moongaten. Die Landschaft kannte er von den Bildern, die er in meinen Fotoalben gesehen hatte. "It looks a bit like Mars, so we decided to come here", schnurrte er, während wir um ihn herumstanden und seine Worte aus dem Sand lasen. Earlys Schwester Darjeeling verschwand tragischerweise kurz vor dem Umzug auf den Teide. Die anderen Katzen landeten in dieser Höhle und waren begeistert. Die Höhlendecken stellten sich als hervorragend geeignet für eine Turbo-Glowberry-Zucht heraus. Immer mehr Katzen kamen nach und richteten es sich in der Höhle gemütlich ein. Dabei schnurrten sie sich in bewährter Weise ihre Exil-Behausungen zurecht.
"That must be a **mighty** purr", staunte Fab, "if you can **grind** stones and cut wood with it."
"Shall I show you?" Early hockte sich auf einen Steinbrocken und schnurrte, bis er unter ihm zu kleinen Kieseln zerbröselte und Earlys Pfoten nach allen Rich-

tungen wegrutschten. Er hüpfte in die Höhe und gab einen belustigten Quietscher von sich.
"Hey, this is no time for games!", ermahnte ihn Bass. "God knows what's happening to your sister while you**'re fooling around** here."
Early senkte sogleich zerknirscht sein Köpfchen.
"There's something else we need to worry about", sagte Fab und auch er sah sehr ernst aus, als er fortfuhr: "This mighty purring of Martian cats could explain the **sudden increase** in seismic activity."
Mir gefror das Blut in den Adern. Er hatte recht! Verdammt, es waren Early und seine Freunde, die den Teide aufweckten! Auf dem Mars, wo es in den bewohnten Gebieten keine vulkanische Aktivität gab, stellte das heftige Geschnurre kein Problem dar. Aber hier würden sie damit innerhalb kürzester Zeit die ganze Insel zerstören. Nicht auszudenken, was passieren würde, wenn ... Ich griff mir an den Kopf. Wir mussten das unbedingt verhindern. Aber wie?

to fool around herumalbern
sudden plötzlich
increase Zunahme
to solve lösen
spare übrig

"There's only one thing we can do. We have to **solve** your problem on Mars", sagte ich schließlich. "You can't all move here."
Early nickte. "That's right. Will you help us?"
"We'll try", versprach Bass. "We have to find Darjeeling, that's for sure."
"We've got a **spare** gate", schnurrte Early. "I'll go and get it and tell the others what we're planning."
Nachdem er in der Höhle verschwunden war, sagte

Everett: "We'll take Early and the moongate to our hotel and start from there. Nova and I have a very **spacious** two-bedroom-suite."
"Can we **come along**?", fragte Fab. "This sounds a lot more interesting than **researching** black holes. Imagine, Yesy, in a couple of hours we'll be on Mars!"
Sie strich sich eine Haarsträhne hinters Ohr, die aber gleich wieder nach vorne fiel. "I won't believe it until I see it."

spacious geräumig
to come along mitkommen
to research sth über etw forschen
to float schweben
ecological disaster Umweltkatastrophe

Early brachte das Moongate in einem Koffer, der fünfmal so groß war wie er selbst, aber von allein über ihm zu schweben schien. "Malga technology", erklärte er und deutete auf den lilablassblauen Glibber, der auf seinem Rücken saß. "They can make things **float**."
"There are malgae here too?", rief Everett entsetzt. "You're creating an **ecological disaster**."
Er nahm den Koffer und deutete auf den Glibber. "Send it ... him ... back to the cave."
Early schnurrte etwas, das sehr freundlich klang, und der Glibber zog sich in die Höhle zurück.
Wir stiegen in unsere Autos und fuhren zur Straße. Die schien inzwischen freigeräumt worden zu sein, denn ein steter Touristenstrom schob sich den Berg hoch.
Wir machten uns mit der seltsamen Fracht an Bord auf den Weg ins Hotel. Early vertrug das Autofahren nicht, er fühlte sich dabei elend, aber noch grüner konnte er

ja kaum werden. Etwas blass um die Nase erschien er mir allerdings. Für Marskatzen war eine gleichmäßige, gleitende Bewegung Gift, weshalb Everett immer wieder scheinbar unmotivierte Schlenker machte und den Wagen durch plötzliche Tritte auf die Bremse hoppeln ließ. Die anderen Verkehrsteilnehmer mussten ihn für einen üblen Sonntagsfahrer halten. Aber wir konnten nicht riskieren, dass Early in einen Gleitschock verfiel, aus dem ihn nur ein Tierarzt zurückzuholen vermocht hätte, der mit Marskatzen vertraut war. Novas Großmutter zum Beispiel. Schließlich wollten wir ein marsianisches Problem lösen, kein zusätzliches produzieren.

Plötzlich gestikulierte Yesy im Geländewagen vor uns wie wild. Fab fuhr rechts ran, Everett hielt hinter ihnen.

"Look at this", hörten wir sie, während sie sich begeistert auf eine Pflanze stürzte, die wie ein gigantischer Löwenzahn aussah. "*Sonchus acaulis.* You **normally** only find it in the Anaga Mountains." Wie es sich für eine Biologin gehörte, hatte sie Utensilien dabei, um eine Probe zu nehmen. Sie schnitt ein Stück Stängel ab und steckte es in ein verschließbares Reagenzglas.

normally
normalerweise

Während wir uns El Médano näherten, zogen Wolken auf. Innerhalb weniger Minuten war der Himmel grau und es begann zu schütten. So ein Wetter hatte ich hier noch nie erlebt, aber ich war bisher auch nur im Sommer hier gewesen. Es hatte aber einen Vorteil: Ich konnte Early unter meinen Pulli stecken und kein

Mensch achtete auf mich, als ich geduckt ins Hotel rannte. Ich sah aus wie ein ganz normaler Junge, der sich schnellstens vor dem Mistwetter in Sicherheit bringen wollte, nicht wie jemand, der einen Marskater hineinschmuggelte.

Wir brachten Early in Everetts und Novas Suite. Fab legte den Koffer mit dem Moongate auf den Schreibtisch. Nova kümmerte sich um Early, der schlapp in ihren Armen hing. Sie fütterte ihn mit den Glowberries aus Yesys Rucksack.

Wir einigten uns darauf, dass Fab und Yesy bei Early blieben, da sie sowieso viel zu aufgeregt waren, um etwas zu essen. Wir hingegen trafen uns mit Sarah und Helmut zum Mittagstisch.

to starve verhungern
stomach Magen
to grumble knurren

"Let's hurry, **I'm starving**", bemerkte Bass.

Immerhin schlug ihm die Sorge um Darjeeling nicht auf den Magen. Ich boxte ihn andeutungsweise in den Bauch. "Yes, your **stomach is grumbling** loud enough to cause another earthquake."

Invasion of the Mind

Wir hielten es für einen Glücksfall, sagen zu können, die Straße sei blockiert gewesen, denn dies war eine prima Entschuldigung für unser langes Wegbleiben. Um Sarah gar nicht die Gelegenheit zu lassen, nachzuhaken, wo uns der Steinschlag den Weg versperrt hatte, schmückten wir die Szenerie so dramatisch aus, wie es nur ging.

Doch wir hatten unsere Taktik nicht zu Ende gedacht. Zwar wunderten sich Bass' Eltern nicht mehr, wo wir so lange geblieben waren, aber die Geschichte versetzte Sarah endgültig in Alarmbereitschaft.

"Another earthquake! It's all because of the increased seismic activity, isn't it, Everett?"

Der antwortete mit einem Gesichtsausdruck, den Sarah als Zustimmung wertete.

"**We'd better** try and get a flight home as soon as possible", redete sie sich in Rage.

Helmut legte ihr beruhigend eine Hand auf den Unterarm und meinte: "Don't panic. If it was really dangerous, the island would be **evacuated**."

Hoffentlich passierte das nicht, denn wir wurden hier gebraucht.

we'd better wir sollten lieber
to evacuate evakuieren
cosy gemütlich

"Bass, Nova, are you coming?", krächzte ich.

Doch dann schluckte ich meine aufkommende Unsicherheit hinunter, während Nova erklärend einsprang: "We'll enjoy a **cosy** afternoon in our rooms. Fab gave

us plenty of good books to read. This is no weather for **outdoor** activities." Sie gab sich größte Mühe, gleichmütig zu wirken. Doch unter ihrem Igelhaar blitzten die Augen verdächtig unternehmungslustig.
Sarah zweifelte sichtlich, dass wir es lange im Zimmer aushalten würden. Also fügte ich rasch hinzu: "We're planning a reading competition. Whoever finishes 100 pages first is the winner."
"And what's the prize?", fragte Sarah interessiert.

outdoor
im Freien
Off we go!
Los geht's!

"The winner is allowed to stop reading", grinste Bass. "The others have to finish their books."
Bass verschlang den letzten Rest seines Karamellpuddings, hielt den Schlüssel unseres Zimmers in die Höhe und rief: "**Off we go!**" Dann spurtete er Richtung Treppenhaus.
Der Auftritt ihres Sohnes hatte Sarah davon überzeugt, dass wir die nächsten Stunden brav lesend zubringen würden. Erstaunlich entspannt lächelte sie ihrem Mann zu.
Natürlich ließen Bass und ich unser Zimmer links liegen und kehrten mit Nova zurück in die Suite der Youngbloods, um mit den Vorbereitungen für unsere Marsexpedition zu beginnen.
Ich rollte den runden Teppich in der Zimmermitte auf, öffnete Earlys Koffer und fand darin eine Tüte Marssand, den ich kreisförmig ausstreute. Everett nahm die sieben gelblich schimmernden Steine aus dem Koffer und hielt die Flächen der pyramidenförmigen Dinger so lange aneinander, bis ihm die Reihenfolge klar war, in der sie angeordnet werden mussten. Kaum hatte er

sie um den Sandkreis herum aufgestellt und ein wenig hin- und hergeruckelt, um die Seiten aufeinander auszurichten, konnten wir ein tiefes Schnurren vernehmen. Die Steine erfüllten ihre Aufgabe und bewegten mit diesem Ton auch schon den Sand. Der zog sich erst zu einem Ring zusammen und stieg dann langsam nach oben. Dass die so entstehende Wand aus Sand nicht über Kniehöhe hinauswuchs, wunderte uns nicht. Für die Katzen reichte das ja völlig. Damit wir nicht auf dem Bauch Richtung Mars robben mussten, fehlte noch ein sehr spezieller Kiekser. Im letzten Jahr hatte ihn uns Bass geliefert, der damals ganz ekelhaft im Stimmbruch gewesen war. Aber inzwischen wusste Nova, wie man das spezifisch marsianische Geräusch erzeugte. Sie quiekte und schon rauschte der Sand vollends in die Höhe.

Als ich hindurchtrat, fühlte ich mich kurz wie mitten im Nordostpassat, der mir den Sand um die Ohren blies. Aber dann war ich auch schon drüben und sah, mit welch verzagtem Gesicht Yesy mir folgte und wie Fab die Augen aufriss, als er mit uns im Historic Museum of the Colonization of Mars ankam. Everett blieb als Einziger auf der Erde, denn es war sicherer, wenn einer im Hotel die Stellung hielt. Wir hatten ihm hoch und heilig versprechen müssen, dass wir keinerlei Risiken eingehen und als Erstes Novas Großeltern von unserer Anwesenheit in Kenntnis setzen würden. Außerdem sollten wir auf jeden Fall rechtzeitig vor dem Abendessen zurückkommen. Schließlich hatte er noch Fab ins Gebet genommen, auf uns aufzupassen, solange das kein anderer Erwachsener tat. Das war amüsant, da Nova und ich im letzten Jahr auch keinen Aufpasser dabeigehabt hatten, als wir niemand anderen als Everett und seine Frau Julia befreiten.

Praktischerweise war das Erste, was wir hörten, die Stimme von Coralie Mackay, Novas Großmutter. Das Bescheidgeben schien also schon mal kein Problem zu sein. Obwohl …

Eine böse Vorahnung hielt offenbar nicht nur mich zurück, aus dem Schatten zu treten, in dem das Moongate vor sich hinschnurrte. Aber zu spät: Wir waren schon bemerkt worden. Nicht nur Coralie kam suchenden Blickes auf uns zu, sondern noch etwas anderes.

Unverkennbar war es ein Lebewesen, in gewisser Weise sogar ein menschenähnliches. Zumindest hatten seine Umrisse eine humanoide Form, auch wenn die Gestalt nicht einmal an Novas Kinn heranreichte. Aber man musste zugeben: Seine Ausstrahlung war fantastisch. Denn unter der kaum wahrnehmbaren Haut leuchtete und funkelte es, dass selbst das schönste Nordlicht vor Neid erblasst wäre. Mal schlierten Grün und Rot durch den Körper, dann waberten helle Punkte hindurch, die wie kleine Vollmonde aussahen.

unfortunately leider
contagious ansteckend
flu Grippe

"What a lovely surprise", freute sich Coralie und drückte Nova so fest an sich, dass das Gesicht der Enkelin komplett im weißen Haar der Großmutter verschwand. "**Unfortunately** you can't see your grandfather. He's got a highly **contagious flu**."

Währenddessen wanderten die Augen des Lichtwesens über unsere kleine Gruppe, was nicht besonders angenehm war, denn sie trafen einen wie starke, zielgenaue Scheinwerfer, die aus drei kreisrunden Schatten im Kopfbereich des Wesens hervorstrahlten. Ich vermutete, dass das Sehen die große Stärke des Wesens war, denn ich konnte weder Ohren noch Nase oder Mund an ihm entdecken. Mit einer Unterhaltung war da wohl nicht viel drin. Ich wäre auch gar nicht scharf darauf gewesen, mich länger mit dem Lichtwesen zu beschäftigen, denn je näher es uns gekommen war, desto merkwürdiger war das Gefühl geworden, das mich beschlich. Nein, eigentlich kein Gefühl. Eher etwas in meinem Kopf. Etwas, was da war, sich aber nicht fassen ließ. Unscharf wie Fernsehflimmern oder Radiorauschen, wenn jemand einen Sender suchte. Mal lauter, mal leiser, mal verzerrt ... Mir schien, als ginge es den anderen ähnlich. Bass jedenfalls verdrehte die Augen so komisch und Yesy fummelte an ihren Ohren herum.

Doch mit einem Mal war das Gefühl wie weggeblasen.

*"Äh, this is the right **frequency**!"*, freute sich mein Gehirn. Ich allerdings nicht. Ich war vielmehr schockiert, dass mein Gehirn etwas ganz ohne mein Zutun dachte.

frequency
Frequenz

"Welcome to our beautiful planet called ... uh ...", begrüßte mich mein Gehirn. Und zu diesem schwachsinnigen Gestammel passend machte das Lichtwesen eine drollige Bewegung, die irgendetwas zwischen einem Knicks und einem akuten Bandscheibenvorfall zu sein schien. *"My name is Pelzig."*

"I must **be losing** my **mind**", brummte Bass neben mir. "Someone's talking in my head."
"What's this thing doing?", wollte Nova, die sich inzwischen von ihrer Großmutter gelöst hatte, irritiert wissen und deutete auf das Wesen.
"This 'thing' is trying to be friendly", dachte mein Hirn selbsttätig und eindeutig beleidigt.
*"**Obviously**, they don't understand **friendliness**"*, tat mein Hirn kund. *"Enough of that. We've got a **negotiation going on**."* In diesem Moment erhob sich das Wesen augenblicklich aus seiner gebeugten Haltung.
*"No, we have to be nice, **no matter** how long it takes"*, dachte es in mir, und das Wesen versuchte es noch einmal mit seiner Geste. Gleichzeitig blieb es stocksteif stehen. Hätte das Wesen Geräusche von sich gegeben, hätten wir mit Sicherheit ein gewaltiges "Ratsch" vernommen, denn der Oberkörper riss mitten entzwei. Dem Wesen machte das aber wohl nichts aus, denn die jeweils fehlende Hälfte wuchs augenblicklich nach. Es erinnerte mich an einen Film über Zellteilung, den wir im Bio-Unterricht gesehen hatten. Allerdings passierte diese Art der Zellteilung hier im Turbotempo. Ich traute meinen Augen nicht. Was sollte das werden? Würde das Wesen jetzt mit zwei Oberkörpern herumlaufen? Und wofür sollte das gut sein? Dass es besser mit sich selbst streiten konnte? Ich fasste mir verwirrt an die Stirn. Aber ich fieberte eindeutig nicht, bildete mir nichts

to lose one's mind den Verstand verlieren
obviously offensichtlich
friendliness Freundlichkeit
negotiation Verhandlung
going on im Gange
no matter egal

ein, sondern sah die Veränderung des Wesens wirklich.
Yesy hörte endlich auf, an ihren Ohren herumzudrücken. Sie glotzte nur noch – wie wir alle. Allein Coralie schien sich nicht zu wundern. Sie seufzte.
"What what what …?", brachte ich endlich hervor, was mich zweifellos auf einen der hintersten Ränge in Earlys persönlichem Intelligenz-Ranking katapultierte.
"It's a Zig, isn't it?", fragte Nova ihre Großmutter. Die nickte. Eine gewisse Erschöpfung war darin zu erkennen.
"Or rather two Zigs", keuchte Fab ungläubig, als sich nun auch der Rest des Körpers trennte. Tatsächlich waren aus dem einen Wesen zwei geworden. Wenn man es sich recht überlegte, vermehrte es sich offenbar via Persönlichkeitsspaltung. Das legte zumindest die Gedankenfülle in meinem Kopf nahe, der Teil jedenfalls, der gar nicht von mir selbst stammte. Denn es waren eindeutig die Gedanken dieses Zigs, oder vielmehr der beiden Zigs, die in meinem Kopf herumspukten.
Coralie erklärte: "Well, uhm, well … we've got guests on Mars, as you see."
"Oh, that's nice. Really nice, My Lady", dachte mein Hirn zigig.
*"Guests? We're not guests, we're the new **inhabitants**",* erwiderte mein Hirn noch zigiger.

inhabitant
Einwohner(in)

Die beiden Zigs verstanden sich wohl aus Prinzip nicht und mussten ihre Meinungsverschiedenheiten auch noch im Kopf anderer ausmachen.

"Hey, could you **switch to** another frequency?", ging Fab dazwischen. Angenervt starrte er die zwei Zigs an.

"No", zigte es.

*"**No way!**"*, zigte es noch einmal.

Na toll, ausgerechnet darin waren sie sich einig.

Bass stöhnte wieder einmal neben mir. "Okay, it's not me who's crazy, it's them."

Nova stellte ihrer Großmutter Fab und Yesy vor. Begeistert schien die zwar nicht, dass noch mehr Erdbewohner in die Existenz der Marskolonie eingeweiht worden waren, trotzdem versprach sie Fab und Yesy eine ausgedehnte Sightseeingtour in den hiesigen Höhlen und Gängen.

to switch to sth
auf etw umschalten
No way!
Auf keinen Fall!

In Gegenwart der Zigs erzählten wir ihr lieber nicht, was uns eigentlich auf den Mars geführt hatte. Von Problemen hatte Coralie möglicherweise sowieso genug. Der ursprüngliche Zig, so stellte sich heraus, war zwar lediglich ein interessierter Besucher des Museums gewesen, aber der zweite Zig pochte nun darauf, dass dringend eine Zig-Abteilung im Museum eingerichtet werden müsse. *"After all"*, zigte er in unseren Köpfen, *"we're inhabitants of this planet called … uh."*

"Mars", fiel dem Erstzig ein.

Coralie wurde von den beiden in eine verwirrende Debatte gestürzt, in der sich der Erstzig zunächst viel heftiger als Coralie gegen die Erweiterung des Museums stellte. Nach einer Weile war er sich jedoch genauso unsicher wie der Zweitzig in seiner Forderung nach einer Zig-Abteilung. Ein paar Augenblicke später sahen wir uns vier Zigs gegenüber, die alle vehement für ihre jeweiligen Positionen stritten.

"We want a new ***department****. We're not guests; we're here to stay!"*

"But this museum is lovely just the way it is."

"A new museum will have to be built, a museum for Zigs alone!"

"The old museum will have to ***be pulled down****. We're starting a new Martian* ***era****."*

department Abteilung
to pull sth down etw abreißen
era Zeitalter
gone weg

Yesy hielt sich sinnloserweise die Ohren zu, aber ich verstand sie. Auch ich sehnte mich danach, die Streitereien der Zigs aus meinen Kopf zu verbannen. Aber wie?

Da hörte ich auf einmal Nova erschrocken rufen: "Early is **gone**!"

Wie elektrisiert blickte ich um mich. Kurz überfiel mich die Hoffnung, Early könnte uns eine Botschaft auf den sandigen Boden geschnurrt haben, dass er nur kurz für kleine Marskater musste, aber ich konnte nichts entdecken.

Fab sprach aus, was wir alle dachten: "Oh no, another cat has disappeared!"

Zig Probleme

Wir schwärmten aus. Durch das ganze Museum liefen wir und riefen nach Early. Dabei machte uns nicht nur die geringe Schwerkraft zu schaffen. Vor allem Fab und Yesy, die zum ersten Mal damit zu kämpfen hatten, bewegten sich, als gingen sie auf rohen Eiern. Auch auf die Ausstellungsstücke musste man achten, denn sie schwebten frei im Raum. Manche, denen man zu nahe kam, flogen daraufhin so lange mit einem mit, bis die Stimmen, die allerlei Erklärungen dazu abgaben, ihren Text zu Ende gesprochen hatten. Während Fab, ganz der geübte Surfer, sich gut durch die Exponate hindurchschlängelte, hing an Yesy eine regelrechte Traube von Ausstellungsstücken, die mit ihr zogen und ihr vielstimmig in den Ohren lagen.

Gemeinsam hatten wir bald alle Räume, Ecken und Winkel des Museums durchkämmt. Doch leider ergebnislos. Oder, um genau zu sein: mit dem einzigen Ergebnis, dass ein Zig, der unbedingt mit uns durch die Räume hatte eilen wollen, sich teilte, weil er mit sich nicht einig wurde, ob wir nach einem *"Curly"* oder einem *"Earl E."* fahndeten. Die beiden Zigs stritten erbittert darum, anstatt uns einfach zu fragen. Aber ich hätte es ihnen auch nicht gesagt. Auf diese Zigs wollte ich mich keinesfalls einlassen.

"Das ist ja schlimmer als Zickenkrieg", bemerkte Bass treffend.

Wir nahmen den kürzesten Weg zum Ausgang. Sogar Novas Großmutter kam mit. "I can't stand this any lon-

ger!" Sie schüttelte den Kopf über die Zigs, die sich in ihrem Museum zankten.
Kaum fiel die Tür hinter uns ins Schloss, war ich wieder alleiniger Herr meines Kopfes. Was für eine Wohltat!
"This has been going on for two months now", berichtete Coralie. "And it's getting worse and worse. At first, they were very friendly, and there were only eleven of them, when they arrived. When people started to complain about them, Lord Gordon didn't want the news to spread. But now it can no longer **be denied**: we have to do something about them. If they go on **quarrelling** and **reproducing** like this, they'll fill the entire museum, the tunnels and then ..."
Ein Schnurren unterbrach sie in ihren apokalyptischen Sorgen.

to deny leugnen
to quarrel sich streiten
to reproduce sich vermehren
to scare the daylights out of sb jdn zu Tode erschrecken
dude Heini

"Early!", rief Nova überrascht. Und schon nahm sie meinen Kater hoch und kraulte ihn unterm Kinn. Er schloss genießerisch die Augen und schnurrte noch mehr. Mir fiel ein Stein vom Herzen.
"You **scared the daylights out of** us!", rüffelte ich ihn. "Disappearing like that!"
Early öffnete gnädig ein Auge und schnurrte in den Sand: "I can't stand these ziggy **dudes**. When they start talking in my head, there's no more room for my own thoughts."
Bass grinste. "Sure, there's not much room in a small head like yours anyway."
Early ignorierte seine Frechheit und hatte wohl auch

keine Lust mehr, sich weiter über die Lichtwesen auszulassen. Stattdessen fragte er: "Where should we start looking for Darjeeling and the others?"
Doch bei allem, was wir vorschlugen, schüttelte er den Kopf und meinte: "We've already been there."
"What about Lord Gordon?", fiel Coralie schließlich noch ein. "Have you spoken to him?"
"No, why should we?", wunderte sich Early.
"He's our **political** leader. He's supposed to know what's going on."
"Tippy knows more about what's going on than Gordon Selby", konterte Early.
"Instead of standing around talking **idly**, why don't we just go and see the Lord?" Fab war anzumerken, dass er unbedingt noch mehr sehen wollte als nur diesen Gang, in dem wir standen. Yesy hingegen wäre möglicherweise für die nächsten Stunden auch an diesem Ort glücklich gewesen. Ohne im Mindesten auf unsere Diskussion zu achten, fummelte sie an den Blättern und Früchten der zahlreich von der Decke baumelnden Glowberries herum.

political politisch
idly unnütz
secretary Sekretär(in)
to fob sb off jdn abwimmeln

"We could use the holo-net in the museum to talk to Lord Gordon", bot Coralie an.
"Oh no. I'm not going into the museum again", wehrte ich ab. "There's too much thinking going on in there."
Auch Nova hatte Einwände. "If we use the holo-net, Lord Gordon's **secretary** will try to **fob** us **off**. But if we appear at his office, then he'll listen to us. After all, he's quite a gentleman."

"And we're **interplanetary** heroes", ergänzte ich. "I heard there's even a museum **dedicated** to our **brave deeds**." Ich zwinkerte Coralie zu.

"Okay!" Sie lachte. "You'd better leave Early here, so you can take gliders."

Glider waren das schnellste Transportmittel auf dem Mars. Doch für die Katzen schied diese gleichmäßige, schnelle Bewegung absolut aus.

"**Take** good **care of** him", bat Nova ihre Großmutter. "We don't want him to disappear too."

Early gähnte. "I'll **have a nap** and put a malga curtain around my bed."

Als ich verwundert die Augenbrauen hob, erklärte Coralie: "Malgae are even better than **watchdogs**."

Coralie hatte noch nie einen Hund gesehen, denn auf dem Mars gab es keine. Aber Nova und Julia hatten ihr natürlich alles über das Leben auf der Erde erzählt.

"**How come** I never noticed the malgae before?", fragte ich.

"**They used to live** in a huge **cavern** above the museum. But the Zigs parked their **starship** there and the malgae were so kind to make room for them." Coralie nahm Early auf den Arm und ging mit ihm in ihre Wohnhöhle neben dem Museum.

"Five gliders", rief Nova und schon senkten sie sich

interplanetary interplanetarisch
to dedicate widmen
brave deed Heldentat
to take care of sb auf jdn aufpassen
to have a nap ein Nickerchen machen
watchdog Wachhund
how come wieso
they used to live sie haben früher gewohnt
cavern Höhle
starship Raumschiff

von der Tunneldecke herab. Die Schalensitze an Stangen sahen aus wie Skilifte.
"You sit on one and say where you want to go. If you want to stop, just say *stop*. You can also tell it to go faster or slower", erklärte sie Fab und Yesy und machte es vor. "Go Selby Place." Der Glider mit Nova sauste davon.
Fab schnappte sich den nächsten. "Hey, it's a bit like surfing." Er setzte sich zurecht und hielt sich an der Stange fest. "Go Selby Place."
Yesy beeilte sich, ihm mit einem weiteren Glider hinterherzufahren, dann folgten Bass und ich.
Auf der rasenden Fahrt durch die Tunnel stellte ich fest, dass sich seit meinem ersten Besuch auf dem Mars einiges verändert hatte. Nicht nur die schmalen Nebengänge, die außer dem roten Gestein nur wenige in der Luft flirrende Leuchttafeln mit Veranstaltungshinweisen boten, waren nahezu menschenleer, selbst die Prachttunnel und Einkaufspassagen lagen gespenstisch ruhig da. Wenn wir einen Laden passierten, flammten Leuchtflächen auf, die die Angebote des Ladens dreidimensional anzeigten. Nur wenn jemand vorbeikam, sprang hier die Werbung an, dann allerdings umso eindrucksvoller.
Ich kannte die Tunnel zur Geschäftszeit eigentlich nur in wildester Beleuchtung. Aber wenn kaum jemand unterwegs war, verlor der Ort schnell seinen aufregenden Glanz.
"Go slower", sagte ich, um mehr Zeit zum Schauen zu haben. Manche Läden hatten geschlossen, in anderen saßen einsame Mitarbeiter. Sie zappten gelangweilt

zwischen den verschiedenen Holovisionskanälen hin und her, die quasi das hiesige Fernsehprogramm darstellten. Sobald dort über Zigs berichtet wurde, schalteten sie weiter. Und es wurde verdammt viel über Zigs berichtet, wie mir schien. Ich verstand auch allmählich, warum. Denn statt Menschen und Katzen kamen uns immer häufiger Zigs entgegen, die jedoch nicht auf uns achteten. Sie waren zu sehr damit beschäftigt, sich über alles Erdenkliche zu streiten. Und dabei vermehrten sie sich ständig.

Schließlich stießen wir auf den offenbar einzigen florierenden Laden. Nova, Fab, Yesy und Bass hatten angehalten.

"Stop!", rief ich und stieg aus dem Glider. Der Laden war gerammelt voll mit Leuten und die Schlangen vor den Kassen reichten weit auf den Platz hinaus.

what's on sale was gibt's zu kaufen

"**What's on sale** there?", wunderte sich Nova.

Die Leute hielten Scheiben, Schilder und große Rollen in den Händen.

"Weird." Mich verblüffte nicht nur der Andrang, sondern auch die Tatsache, dass die Waren so farblos waren. Nirgends eine grelle Farbe, kein einziges Muster. Das passte so gar nicht zum marsianischen Geschmack.

Obwohl wir wegen der vielen Leute nur mit Mühe an den Laden herankamen, gaben wir unserer Neugierde nach.

"Wow", machte Bass, der als Erster einen Blick in das Innere des Ladens erhaschte.

"Okay, that explains everything", ergänzte Fab.

"Oh no!", hörte ich Yesy.
"**Serves them right!**", meinte Nova, als auch ich es bis nach vorn geschafft hatte.

Serves them right! Geschieht ihnen recht!
readily gern

Endlich konnte ich es sehen. Im ganzen Laden blinkten Schriften und Zeichen. Auf schwebenden Schildern hieß es *No entrance for Zigs*, auf den Scheiben waren durchgestrichene Zigs abgebildet, und riesige Transparente mit der Forderung *Stop zigging!* konnte man zum Transport zusammenrollen. Hinter den drei Kassierern kündigte eine Holowerbung den morgigen Erstverkaufstag des neuesten Verkaufsschlagers an: Kittel, die über und über bedruckt waren mit der Warnung: *Don't zig me!*
"That's the first piece of Martian fashion I'd **readily** wear", sagte ich ehrlichen Herzens.
"We can walk the rest of the way", sagte Nova. "We're almost there."
Tatsächlich, vor uns leuchtete schon eine Schrift, die den *Selby Tunnel* ankündigte. Und an dessen Ende lag der Selby Place mit dem Palast des Lords.
Ich bekam ernsthafte Zweifel, ob Lord Gordon überhaupt Zeit für uns haben würde. Denn wie es aussah, entwickelte sich auf dem Planeten gerade im Megatempo ein Megaproblem. Wenn die Zigs in den Gängen und Höhlen erst einmal mit demonstrierenden Marsianern zusammentrafen, würde seine Lordschaft froh sein, wenn wenigstens die Katzen nicht auch noch mitmischten. Verschwundene Katzen waren ihm bestimmt lieber als sich vermehrende Zigs.

No More Jokes, Please!

"I think Yesy and I should wait outside", sagte Fab, als wir unser Ziel erreicht hatten.
Nova stimmte ihm zu. "Lord Gordon won't be **amused** when he sees that we've brought you and Yesy here."
"I'll stay outside, too", sagte Bass. "Maybe Darjeeling is somewhere **nearby**. I'll search the **surroundings**."

amused
amüsiert
nearby
in der Nähe
surroundings
Umgebung

"What a surprise", begrüßte Lord Gordon Nova und mich, nachdem wir uns erfolgreich an seiner Sekretärin vorbeigedrängelt hatten. Es klang erfreut, aber ich konnte seinem Gesicht ansehen, dass er in Gedanken ganz woanders war. "Did you like the holo-film so much that you came to see it again?" Er lachte angestrengt. Ja wirklich, der Mann war nicht ganz bei der Sache. Sein Blick wanderte fahrig immer wieder zu den *Holo-News*, die rechts von seinem Schreibtisch schwebten.
"We're here because four cats have mysteriously disappeared", fasste Nova das Problem in wenigen Worten zusammen, aber selbst damit überforderte sie Lord Gordons Aufmerksamkeitsspanne.
"They'll come back", sagte er nur, den Blick jetzt starr auf die Nachrichten geheftet.
"Trouble with Zigs?", fragte ich, damit er uns wenigstens zuhörte.

to get out of control außer Kontrolle geraten
for a short while für kurze Zeit
to get to know sb jdn kennenlernen
to be sick of sth etw satt haben
quest Suche
to get on sb's nerves jdm auf die Nerven gehen
nuisance Plage
to cause damage Schaden anrichten
mostly größtenteils
harmless harmlos
to occupy beschäftigen
telepathic telepathisch
to think straight klar denken
on top of that obendrein
conflict Streit
to negotiate verhandeln

Lord Gordon seufzte. "Everything **is getting out of control**. Eleven of them arrived in a starship. They said they'd only stay **for a short while** to **get to know** us and to swap some jokes." Er rollte mit den Augen. "Don't ask! Zig jokes are anything but funny. **I'm** so **sick of** them."

"So why did they stay?", hakte Nova nach.

"The problem is they can't agree where to fly next. They're on a big **quest**, they said, but they have no idea where to look. And so they're hanging around on Mars **getting on** everybody's **nerves**. Even though they don't take up a lot of space – after all they consist mainly of light and some kind of plasma – they're becoming a **nuisance**."

"**Are** they **causing** any **damage**?", wollte ich wissen. "Are they attacking anyone?"

"No, they're **mostly harmless**. But they **occupy** everyone's minds with their **telepathic** communication."

Ich hielt mir den Kopf. "Oh yes, you can't **think straight** when a Zig is around."

Lord Gordon nickte mit düsterer Miene. "And **on top of that**, they reproduce like mad whenever they have an internal **conflict**. That's why I can't even **negotiate** with them.

They would disagree over everything I suggested and then they would **split** into twice as many Zigs. Sooner or later, there'll be no Zig-free space left on this planet. Their **population boom** is getting out of control."
"What about the cats?", beharrte Nova. "Can you help them?"
"Cats? Which cats?"
"The cats who disappeared", wiederholte ich. "Oolong, Chun Mee, Gunpowder and Darjeeling. The remaining cats **were** so **scared** that some of them have moved to Earth."
"They are moving to Earth?" Seine Lordschaft sah uns zweifelnd an. "This isn't one of those **awful** Zig jokes, is it?"
"No, it's true. Early, Tippy and some other cats moongated to Tenerife. Teneriffe is one of the **Canary Islands**", ergänzte ich, da die Mars-Kolonisten vermutlich nicht mehr viel über die Geografie des Planeten wussten, den sie vor langer Zeit verlassen hatten. "They're causing earthquakes."
"Earthquakes? Hm, okay, I'll tell my people **to keep an eye open** and inform me if they **observe** anything happening to the cats."
Damit mussten wir uns begnügen. Wir dankten Lord Selby für die Zeit, die er sich für uns genommen hatte, wünschten ihm viel Glück mit den Zigs und verabschiedeten uns.
Fab und Yesy warteten in der geräumigen Vorhöhle. Bass kam aus einem niedrigen Seitentunnel gekro-

to split (split, split) sich teilen
population boom Bevölkerungsexplosion
to be scared Angst haben
awful furchtbar
Canary Island Kanarische Insel
to keep an eye open aufpassen
to observe beobachten

chen. "Would you like to hear the bad news first? No trace of Darjeeling." Er rappelte sich auf und klopfte den Staub von seiner Jeans.
"And what's the good news?", fragte ich.
"There's no good news, just worse news. I met three cats. They said that all of the cats are **currently** hiding in the lower regions, which they **have secured** with malga curtains. But Sikkim left the lower tunnels because she wanted to look for her boyfriend Gunpowder. When she didn't return, three cats went looking for her. They're the ones I met. It seems that Sikkim has now disappeared as well."

currently zurzeit
to secure sichern

Die einen Katzen versteckten sich aus Angst, die anderen flohen auf die Erde. So konnte es wirklich nicht weitergehen!
"Let's glide back to the museum", sagte ich und rief nach oben: "Five gliders!"
Wir kamen allerdings nicht weit, schon nach wenigen Sekunden gerieten wir in einen Stau. Massenhaft Zigs verstopften die Tunnel. Sie schienen alle auf dem Weg zum Museum zu sein.
"Kratzig", zigte es von allen Seiten. Ein regelrechter Chor von Stimmen dröhnte in meinem Kopf.
Die Fahrt ging nervtötend langsam voran. Erst kurz vor dem Museum wurde es besser, denn die Zigs verschwanden in Röhren, die nach oben führten. Wollten sie etwa zu ihrem Raumschiff, das dort oben stand, wie Coralie uns erzählt hatte? Ob sie wegflogen? Das wäre endlich mal eine gute Nachricht gewesen.

Als wir das Museum betraten, überfiel uns Coralie sofort mit den Worten: "I've got bad news."
"Not again", jammerte Nova.
"Is something wrong with Early?", war meine erste Sorge.
"No, he's fine", sagte Coralie. "But the situation is getting out of control."
"That's what Lord Gordon said, too", meinte ich lakonisch.
Coralie rüttelte an meinem Arm. "I mean, it's getting *totally* out of control. A Zig just walked through your moongate!"

Zig-Alarm!

Wir waren wirklich blöd gewesen – diese Erkenntnis traf mich wie ein Hammerschlag. Wegen der Aufregung um Earlys Verschwinden hatten wir das Moongate total vergessen!

Panisch eilten wir in die Teekrisenabteilung des Museums, wo das Moongate tatsächlich noch munter vor sich hinrauschte. Davor stand ein Zig, mit dem Rücken zum Sand.

Ich war erleichtert. "It seems he's already returned!"

"Returned?", zigte es in meinem Kopf. *"Who put that idea in your head?"*

"No, he hasn't returned", erklärte Coralie. "This is just the other half of the Zig, the half that didn't want to leave Mars."

"Only the other half?", zigte der Zig. *"I'm still me, not half of me. There are two of me now. And I want to stay here."*

"Quick", drängte Nova. "We've got no time to lose. We can't leave my dad alone in the hotel room with the Zig!" Schon ging sie durch das Moongate.

solar system
Sonnensystem

Verärgert schnurrte Early: "Oh great, soon there'll be no Zig-free region in the entire **solar system**."

Augenblicklich richteten sich die Zig-Augen auf ihn. Fast schien es, als hefteten sie sich an ihm fest. Early ging in Abwehrhaltung. Er machte einen Katzenbuckel, zeigte seine Zähne und fauchte so dramatisch, als habe er das mindestens bei einem Ungarischen Hornschwanzdrachen gelernt.

Den Zig beeindruckte das in keiner Weise. Er ging direkt auf Early zu und ließ ihm keine Chance auszuweichen. Setzte Early an, nach links abzuhauen, war der Zig schon dort. Sein Körper konnte sich komplett verformen, sodass die Lichtgestalt sich blitzartig nach links oder rechts ausdehnte, wenn Early fliehen wollte.

Early tat das Einzige, was ihm übrig blieb. Er stürzte Nova durch das Moongate nach. Ohne zu zögern, folgte ihm der Zig, der eben noch behauptet hatte, er wolle den Mars nicht verlassen. Panisch sprangen auch wir durch das Moongate. Nur Coralie blieb zurück.

Im Hotelzimmer war der Teufel los. Ein völlig entfesselter Early sprang über die Betten, die Koffer, in die Jacken an der Garderobe, hinter den Fernseher, was diesen bedrohlich nach vorne an den Rand der Kommode rutschen ließ. Das Ziglicht jagte um ihn her. Aus den Augenwinkeln sah ich, dass die Zimmertür offenstand. Fab sprang entschlossen auf den Gang, denn dorthin war vermutlich der erste Zig entkommen, und Nova und Everett konnten beim Einfangen sicher Hilfe gebrauchen. Um Yesys Kopf schwirrte eine Schachtel voller Teebeutel aus dem Museum und eine Stimme erklärte dazu: "... of the twenty-first century. It was in one of the **crates** that Julia und Everett Youngblood brought to Mars and ..."

crate Kiste

Dann sah ich nur noch Grün – und Earlys panisch aufgerissene Augen, die immer größer wurden. Denn sie kamen direkt auf mich zu. Mit einem mächtigen Satz quer durch das ganze Zimmer sprang mir Early in die Arme. Die Wucht haute mich um. Ich flog nach hinten und spürte auf meiner Brust Earlys Krallen, mit denen er sich an mir festklammerte. Während ich auf dem Boden aufschlug, hielt ich meinen Kater so fest ich nur konnte. Sollte der Zig nur kommen!

Er kam. Sein Licht dehnte sich aus und stülpte sich einfach über mich und Early. Ich fühlte mich mit einem Mal ganz benommen. Kam das von dem Sturz? In meinem Kopf pochte Schmerz. Ich war gegen die Heizung geknallt. Aber ich konnte jetzt nicht nach einer wachsenden Beule tasten, denn ich musste Early festhalten.

Ohne dass ich mich bewegt hätte, wurde ich nach oben gehoben. Um mich herum waberten Lichtschlieren, durch die das Entsetzen, das in den Gesichtern meiner Freunde zu lesen war, irgendwie leichter und heiterer schien. Ich versuchte nun doch, selbst auf die Beine zu kommen, aber es ging nicht. Es lag nicht daran, dass ich mich wie in Watte gepackt fühlte und der Standhaftigkeit meiner Beine misstraute. Es war einfach so, dass ich gemeinsam mit Early in diesem Zig steckte und von dessen Licht völlig umgeben war. Der Zig gab bei jeder heftigeren Bewegung meinerseits ein mentales *"Agr-oh"* von sich, was die kosmische Form eines Rülpsers sein mochte. Aber wir schienen dem Lichtwesen keineswegs schwer im Magen zu liegen, auch wenn sich seine Größe zwangsläufig deutlich erweitert hatte. Glücklicherweise! Es hätte ja auch gut geschehen können, dass Early und ich auf Zig-

Größe zusammengepresst worden wären. So jedoch hatte der Zig eine Form angenommen, die derjenigen eines vierzehnjährigen Jungen mit Marskatze auf dem Arm ähnelte. Der Zig bewegte sich schwerfällig. Tapser um Tapser machte er auf die Zimmertür zu.
"No, wait!", rief ich. Aber niemanden schien es zu interessieren. Vielleicht hörte es auch niemand. Bass und Yesy sahen zwar irritiert zu mir her, aber das taten sie schon die ganze Zeit. Sie konnten wohl nicht fassen, was sie erblickten. Sie hielten uns nicht auf. Im Gegenteil, sie wichen vor dem Mike-Inside-Zig zurück, als hätte der Appetit auf weitere Erdlinge.

"Witzig", zigte es da in meinem Kopf so intensiv, als riefe der Zig das Wort laut durch die Gegend. Fand er es lustig, jetzt auch noch das Hotel aufzumischen? Verdammt noch mal, was wollte der Zig auf dem Flur?
Wir traten hinaus. Obwohl meine Beine praktisch in den seinen steckten, konnte ich es nicht verhindern. Alle Kraftanstrengung half nichts. Wir schwebten einfach in ihm mit. Hinter mir erwachten die anderen aus ihrem Schock. Endlich versuchte Bass, den Zig aufzuhalten. Er wollte ihn an den Armen fassen, doch er glitt hindurch, wie man eben durch Licht hindurchgleitet. Dann fasste er nach meinem T-Shirt. Aber es gelang ihm nicht. Seine Finger stießen gegen eine unsichtbare Hülle. Ich spürte nicht einmal seine Fingerkuppen.
"Witzig", zigte der Zig noch einmal, als neben uns auch noch die Teeschachtel auf den Gang schwebte. Ihre erklärende Stimme war inzwischen verstummt. Yesy hechtete ihr hinterher. Doch die Schachtel war schneller. Hektisch huschte sie im Flur hin und her.

Natürlich, sie wollte an ihren Platz im Museum zurückkehren und fand den Weg nicht.
"Witzig", zigte es wieder. Unter anderen Umständen wäre ich froh um einen derart ein- oder vielmehr zweisilbigen Zig gewesen, der einem wenigstens noch etwas Raum im eigenen Hirn ließ, aber irgendwie ahnte ich, dass das alles nicht nur gänzlich unwitzig war, sondern auf eine Katastrophe zusteuerte.
Sie kam erst einmal in Form des Aufzugs, dessen Tür sich direkt vor uns öffnete. Ein rothaariges Zimmermädchen, das einen englischen Schlager trällerte, schob ein Wägelchen auf den Flur, vollgepackt mit frischer Wäsche. Als sich die Aufzugtür hinter ihr schloss, klappte der Frau die Kinnlade runter. Ich versuchte, die Situation zu retten, indem ich so unaufgeregt wie möglich sagte: "Nothing happened. Nada, niente, nixo, nullo. I'm fine. It's my aura. It's quite shiny today, isn't it?"
"Are you **barking mad**?", fragte sie in astreinem Englisch. Sie starrte erst mich wie einen gefährlichen Irren an, dann die Arme des Zigs, die locker an seinen Seiten schlenkerten, und schließlich über meinem Kopf die drei Scheinwerferaugen. Mist, an diese Details hatte ich nicht gedacht. Ich sollte mir dringend eine bessere Erklärung zurechtlegen für den grauenhaften Fall, dass der Zig mit mir auch noch durch die Hotellobby schlurfen wollte. Dass Yesy einer fliegenden Teeschachtel hinterhereilte, machte die Situation nicht einfacher. Aber wir hatten erst mal Glück. Das Zimmermädchen fiel in Ohnmacht.

barking mad
total verrückt

"Witzig?"

"Witzig!"

"Witzig witzig!!"

Das blöde Wort drang aus verschiedenen Richtungen auf mich ein. Doch das Wort war nicht das Schlimmste. Mit ihm kamen jede Menge Zigs. Die einen eilten von der linken Seite des Ganges auf mich zu. Die anderen kamen aus dem Treppenhaus. Und etliche stürmten aus einem Zimmer am rechten Ende des Ganges. Hinter ihnen sah ich hier Everett, dort Nova und schließlich Fab. Es wirkte so, als kämen sie ihren Kindergartenkindern beim Ausflug nicht hinterher. Und tatsächlich: Die Kleinen waren viel flinker. Ich hatte gar nicht mehr die Gelegenheit, mich zu fragen, warum sie eigentlich alle voll in meinen Zig hineindonnerten. Ich verspürte es nur noch als eine Art Schüttelkrampf bei jedem weiteren Aufprall.

"Witzigwitzigwitzig", echote es in meinem Kopf. Nein, sicher nicht nur in meinem. Early kreischte in den höchsten Tönen und fuhr seine Krallen aus. Unwillkürlich ließ ich ihn los und fiel augenblicklich aus dem Zig.

"Haltet ihn!", nahm ich noch wahr. Dann sah ich Sternchen.

Witzig, not funny

Als ich allmählich wieder zu mir kam, lag ich auf der Couch mit einem kühlenden Tuch auf der Stirn. Ich setzte mich vorsichtig auf und ertastete eine zweite Beule am Hinterkopf. Das wattige Gefühl, das mich im Zig umfangen hatte, war pulsierenden Kopfschmerzen gewichen.

to brainwash sb jdm das Gehirn waschen

Alle erkundigten sich gleichzeitig nach meinem Zustand.

"Did the Zig hurt you?", fragte Nova.

"Did he **brainwash** you?", wollte Everett wissen.

"No, I'm fine, except for a headache. What about Early?"

Die anderen gaben die Sicht frei auf den Zig, in dem Early schwebte und der völlig entspannt in einem Korbsessel lümmelte. Mein Kater wirkte eher ermattet, als habe er sich mit Fauchen, Kratzen und Toben völlig verausgabt. Seine rosa Zunge hing ihm aus dem Mäulchen. Der Zig um ihn herum war wieder auf Normalgröße geschrumpft. Nur der Kopf und das Hinterteil des Katers führten zu Ausbuchtungen des Lichtkörpers.

"What happened?", fragte ich.

"Okay", versuchte Nova, die Ereignisse für mich zu ordnen, "this guy is Witzig."

Ich konnte es nicht mehr hören. "Oh, Nova, it's not funny at all!"

"No, listen. Of course it's not funny", winkte sie ab und deutete auf den Zig. "This guy is called Witzig. It's his name."

Ich schaute verdattert von einem zum anderen.
"Yes, it's true, **no kidding**." Bass sah mich ernst an. "All the other Zigs who **were roaming** the hotel were called Witzig, too, because they were all **spin-offs** of him."
Jetzt erinnerte ich mich verschwommen. Sie hatten sich allesamt in den Zig gestürzt, der Early und mich in sich trug, und dabei seinen oder vielmehr ihren gemeinsamen Namen gerufen. Das erinnerte mich an irgendetwas, aber mein Kopf war noch nicht wieder klar genug, um die Information auszuspucken.
"How did all this happen **in the first place**?" Ich wandte mich an Everett. "When the Zig appeared, what did you do? Why did you open the door?"
"I thought something dangerous had come through the moongate. It looked like a **ball of lightning**." In Everetts Stimme schwang noch immer Verwunderung mit über das, was er mit uns erlebte. "I realized too late that he was an **alien**! He started talking to me inside my head and told me a joke, but it **took** me **ages** to **figure out** what was supposed to be funny about it. By then he had already escaped into the **corridor**. When I ran after him I saw that he was splitting in two. One part turned around the corner, the other **made for** the stairs where he split again."

no kidding im Ernst
to roam durchstreifen
spin-off Abspaltung
in the first place überhaupt
ball of lightning Kugelblitz
alien Außerirdischer
to take ages eine Ewigkeit dauern
to figure out kapieren
corridor Flur
to make for sth auf etw zusteuern

"I found the one who ran upstairs, but he had reproduced already", ergänzte Nova.
"I couldn't help because I was busy chasing after the tea package", sagte Yesy. "I caught it."
"I followed a Zig into the **laundry room**. But **in no time** the room was full of Zigs." Fab breitete die Arme aus, als versuchte er jetzt noch, eine Horde streitender Zigs zusammenzuhalten.
So uneinig sich die Zigs auch waren: Die meisten hatten versucht, sich irgendetwas einzuverleiben. Ein Stück Seife, ein Sofakissen, einen Bleistift, die kunstlederne Mappe, in der die wichtigsten Infos über das Hotel steckten. Aber alles war sofort wieder aus ihnen herausgefallen – wie ich.
"But it seems they all found their way back into the hotel room", sagte Nova. "There's only one Witzig now, and he**'s sound asleep**."
"Heaven help us! And poor Early is still inside him." Ich fuhr den Zig im Sessel an: "Hey, you, **let** him **go**." Ich spürte meine Beulen pochen.

laundry room Wäschekammer
in no time im Handumdrehen
to be sound asleep tief schlafen
to let sb go jdn loslassen
to merge verschmelzen
to wear sb out jdn erschöpfen

Der Zig zeigte keine Reaktion. Er lag inzwischen zusammengerollt auf dem Sessel, sodass man nur eine ausgebeulte Lichtkugel sah, in der mit unglücklicher Miene Early schwebte.
Everett zuckte die Schultern. "All that reproducing and then **merging** into one Zig again must **have worn him out**."
Auf einmal hellte sich Novas Gesicht auf. "Look, the

hotel information folder is the same colour as Early, isn't it?"

"Well, it's green. **Moss-green** rather than Early-green", meinte Bass. "Early's **hue** is a lot brighter."

Alle Köpfe wandten sich dem Kater zu, dessen Farbe jetzt aber offenbar durch die Lichtschlieren anders aussah als sonst. "Bright" konnte man sie jedenfalls nicht nennen.

"And the pen was green, too!" Nova sah Fab an. "How about the piece of soap?"

"**Mint-green**, I guess."

"The sofa **cushion**?"

Everett zog die Augenbrauen hoch und meinte: "I **get** your **point**. It's a **loud** green, just the kind your mum likes ..."

"It's all green! And yet it all fell out again, except for Early. What does this tell us?" Nova sah in die Runde.

"They need something **organic** inside them", meinte Yesy, ganz die Botanikerin.

Bass klatschte sich auf die Schenkel. "All the cats who disappeared – they were green and organic! **In all likelihood** they were swallowed by Zigs. But where did they take them? Are they hanging around like this one here?"

"But what's all this about?" Nova deutete auf den schlafenden Witzig. "He doesn't have a stomach, and Early **is** still **alive** inside him. It doesn't make **sense**."

Fab schlug vor: "When Witzig wakes up we'll let him

moss-green moosgrün
hue Farbton
mint-green minzgrün
cushion Kissen
to get the point verstehen
loud grell
organic organisch
in all likelihood höchstwahrscheinlich
to be alive leben
sense Sinn

go wherever he wants and follow him. Maybe he'll **lead** us to the other Zigs who have a cat inside."

Da endlich schaltete mein Gehirn einen Gang hoch. "I think I know where they all are. Bass, shortly after you told us that a cat called Sikkim had disappeared, there was a **rush** of Zigs shouting 'Kratzig'. They were all going to the cavern where their starship is parked. I bet one Kratzig swallowed Sikkim, so all his spin-offs came to **unite with** him again."

"Sure enough, they went to sleep in their ship. We've got to go there immediately. I can't **wait** to see an alien spaceship!" Fab wollte mich begeistert an den Schultern packen, aber ich machte eine abwehrende Geste. Durchgeschüttelt worden war ich heute schon genug.

Everett bremste Fab. "We have no idea how long this visit to Mars is going to last. Sarah and Helmut will miss us if we don't go back to Earth for dinner."

lead (led, led) führen
rush Ansturm
to unite with sb sich mit jdm vereinigen
to wait abwarten
leftovers Reste
to stack aufhäufen

Der Einwand war berechtigt. Also wagten wir einen kleinen Schlenker in unserer neuen Taktik. Fab und Yesy bewachten im Zimmer den schlafenden Zig. Everett setzte das Moongate sicherheitshalber durch eine kleine Drehung eines Purrolators außer Betrieb.

"Bring some **leftovers**", rief Fab uns nach.

"Sure, Bass can do that", gab Nova zurück. "Nobody will notice when he **stacks** his plate twice as high."

Als wir am Aufzug vorbeikamen, drängte sich die Erinnerung an die ungläubigen Augen des rothaarigen Zimmermädchens in meinen lädierten Kopf.

"**Crumbs!** What if the **chambermaid** already informed the hotel manager that aliens **are on the loose**?", fiel mir ein.
Bass gestand: "I'm afraid we did something really mean to her. We hid her in the laundry room. Fab **emptied** Everetts minibar, **poured** the alcohol into a sink and **laid** the empty bottles next to the **maid**. I put an open book on the floor. When she **comes around**, she'll think she dreamed of aliens because she read *The Hitchhiker's Guide to the Galaxy*."
"But she won't remember reading the book", wandte ich ein.
"Of course not." Fab grinste. "A **mental blackout**. That's what happens when you drink too much."
Bass zuckte die Schultern. "I'm sorry, but it was the best plan we could **come up with**. We put her in the **recovery position**, and we'll go and **check on** her later."

Crumbs! Mensch!
chambermaid Zimmermädchen
to be on the loose frei herumlaufen
to empty sth etw leeren
to pour schütten
to lay legen
maid Dienstmädchen
to come around wieder zu sich kommen
mental blackout Filmriss
to come up with sth sich etw ausdenken
recovery position stabile Seitenlage
to check on sb nach jdm sehen

Mich beschäftigte dennoch die Frage, ob das arme Zimmermädchen in Zukunft eine Alkohol-und-Bücher-Phobie entwickeln würde. Mir war zu flau zumute, als dass ich Hunger verspürt hätte. Und zu allem Überfluss ging mir der Gedanke nicht aus dem Kopf, dass der Zig, ob er nun einen Magen hatte oder nicht, vielleicht gerade Early verdaute – langsam und unauffällig.

Die große Suche

Sarah wollte wissen, wie unser Lesewettbewerb ausgegangen war, und Bass behauptete dreist, wir hätten ihn auf 200 Seiten ausgedehnt, weil die Bücher so irre witzig seien. Darum hätten wir es nun wahnsinnig eilig, wieder nach oben zu gehen.

Anscheinend hatte er sogar recht, was die Bücher betraf, denn als wir mit Tellern voll belegter Baguettes zu den Aufzügen gingen, kam uns das rothaarige Zimmermädchen entgegen. In einer Hand trug sie eine Plastiktüte, in der es klirrte. Das waren sicher die leeren Minibar-Fläschchen. In der anderen hielt sie den aufgeschlagenen *Hitchhiker's Guide to the Galaxy* und las kichernd im Gehen. Ich war heilfroh, dass die Begegnung mit den Zigs sie nicht aus der Bahn geworfen, sondern vielmehr ihr Leben bereichert hatte.

Als wir ins Zimmer zurückkamen, stürzten sich Fab und Yesy auf die Brote.

Der Zig schlief regungslos. Early hatte sich klein zusammengerollt. Ich konnte sehen, wie sich sein Körper beim Einatmen weitete.

to digest
verdauen

"Witzig **is**n't **digesting** him", stellte ich beruhigt fest.

Ich musste etwas gesagt haben, das den Zig aufschreckte, denn plötzlich entfaltete er sich zu voller Größe, setzte sich aufrecht hin und zigte mir in den Kopf: *"Did someone say* quest*?"*

"No, I said *digest.*"

"The quest. The big quest! We'd better leave Mars soon, or we'll never find the green hole."

"A green hole?", wunderte sich Fab. "Is it an **intergalactic phenomenon** like a black hole?"

Bass meinte frech: "And when you've found the green hole, Mr. Witzig, are you going to eat it or **get high on** it, or what?" Der Zig richtete seine drei Augen auf Bass, der sogleich erklärend hinterherschob: "It's just because you swallow everything that's green."

"What do you mean by green*?"*

"The colour, of course", sagte Yesy. Sie zeigte auf die grüne Hotelmappe und auf Early.

"What is a colour?"

Nach einigem Hin und Her in dem Versuch, ihm zu erklären, was eine Farbe war, stellte Everett fest: "Obviously, Zigs are colour-blind. So how can they be on a quest for a green hole?"

*"It's a **myth**. **Legend says** that we have to find a green hole where we can live forever in **peace** and **harmony**."*

"A kind of **paradise**?", fragte Nova.

*"We've searched through three galaxies already. But it's so difficult to find something when you've no idea what it's supposed to look like. It could **be** any size, any shape, and **composed of** any matter."*

"At least you know one thing about it now", meinte ich lakonisch. "If you feel like swallowing it, then it's the right colour."

"I must tell the others that I've found a clue! Quick, how

intergalactic intergalaktisch
phenomenon Phänomen
to get high on sth sich an etw berauschen
myth Mythos
legend says der Legende nach
peace Frieden
harmony Einklang
paradise Paradies
to be composed of bestehen aus

do I get back to that planet called … uh … Where's the ***sandy*** *thing that purrs?"*

sandy sandig
to activate sth etw aktivieren
to stick out one's tongue die Zunge herausstrecken

"You mean the moongate?" Everett deutete auf die Purrolatoren. "Before I **activate** it you must promise to help us negotiate with the other Zigs."
"And to let Early go", ergänzte ich.
"Who?"
"The cat inside you."
Witzig sah an sich herunter. *"Okay, I'll see what I can do."*
Wir aktivierten das Gate und gingen hindurch. Diesmal kam auch Everett mit, aber er hatte den Schlüssel innen in der Zimmertür stecken lassen, damit niemand hereinkonnte.

Coralie erwartete uns. "Did you catch all the …" Dann schlug sie die Hände vor den Mund. "What's Early doing inside a Zig?"
Nova erzählte ihr, was passiert war. "We've got to talk to Lord Gordon", schloss sie. "His Zig problem and our cat problem are one and the same, and can only be solved together."
Coralie war sprachlos, aber handelte pragmatisch. Sie öffnete einen Kasten an der Wand, der sich als Medizinschrank entpuppte, und entnahm ihm eine Flasche mit Tropfpipette. "It's for cats, but it also works on humans. **Stick out** your **tongue**, Mike."
Hätte Nova ihr doch bloß nichts von meinen Beulen erzählt. "No, I really …"
Den Umgang mit widerspenstigen Patienten gewohnt,

griff sie beherzt nach meiner Zunge, zog sie mir ein Stück weit aus dem Mund und tropfte etwas von der Flüssigkeit drauf. "There."

"Schänkschs." Ich räusperte mich und schluckte die bittere Flüssigkeit. "I mean thanks."

Einen Atemzug später fühlte sich mein Kopf leicht und frei an. "Oh, it works."

"Of course it does." Coralie wandte sich an uns alle. "Lord Gordon is in the cave above the cinema and is trying to **talk sense into** the Zigs. I'll come with you and bring my **emergency kit**."

to talk sense into sb
jdn zur Vernunft bringen

emergency kit
Notfallkoffer

electricity
Strom

beauty sleep
Schönheitsschlaf

"I promise I won't get another bruise", wehrte ich ab.

"She means her emergency kit for cats", flüsterte mir Nova ins Ohr.

Wir gingen ins Kino, das nicht so festlich erstrahlte wie beim letzten Mal. Die Glowberries an der Decke waren verhüllt. Ich deutete nach oben. "You're not trying to save **electricity**, are you?"

"No, but the malgae need their **beauty sleep**", erklärte Coralie. Wir überquerten die Bühne, schlängelten uns zwischen den leeren Sitzen hindurch und kamen an einen Schacht. "Glider", rief Coralie. Ein Gleiter sank herab und sie setzte sich drauf. "Up!"

Wir mussten warten, bis sie oben war, dann konnten wir ihr folgen, einer nach dem anderen. Auch Witzig stand brav an. Man konnte sagen, was man wollte, Early bekam ihm. Er machte aus dem Zig einen richtig zivilisierten Alien.

Als ich oben angekommen war und aus dem Glider

stieg, erschrak ich gewaltig. Die Höhle hatte ein riesiges Loch, durch das man den Himmel sehen konnte. Und der Mars hat ja bekanntlich keine Atmosphäre. Unwillkürlich griff ich mir an die Kehle, aber da alle anderen atmen konnten, gab es keinen Grund, warum ich ersticken sollte. "Why doesn't the air **evaporate**?"

> **to evaporate** entweichen
> **neither ... nor** weder ... noch
> **to memorize sth** etw auswendig lernen
> **to have a bash** es krachen lassen

"There's a malga curtain above the hole."

Witzig sah nach oben. *"Is the hole green?"*

"No, it's **neither** green **nor** any other colour", erklärte Everett. "Holes usually don't have a colour.

Bass schlug vor: "Could we paint a black hole green?"

Witzig begann zu lachen. *"Har, har, what a great joke, I'll **memorize** it. Do you know this one: "What happens when two starships meet? They **have a bash!**"*

Bass war glücklicherweise geistesgegenwärtig genug, mit einem sofortigen Auseinanderziehen der Mundwinkel zu antworten, was als freundliches Lächeln in Reaktion auf den Zig-Witz durchgehen konnte. Schließlich durften wir es uns mit Witzig nicht verscherzen, solange Early in ihm festhing.

Nachdem ich keine Angst mehr haben musste, in die Tiefen des Weltalls hinausgesaugt zu werden, konnte ich meine Aufmerksamkeit dem Ding widmen, das am fernen Ende der riesigen Halle stand und die Form eines gigantischen Tropfens hatte. Die Oberfläche bestand aus kleinen Spiegelflächen und reflektierte das Licht tausendfach wie eine Discokugel.

Fab, Yesy und Everett waren schon hingelaufen. Den Kopf weit in den Nacken gelegt, um den Tropfen bis zu seinem spitzen Ende in Augenschein zu nehmen, fragte Fab: "Witzig, how **do** you **operate** your ship? What's its **means of propulsion**?"

Witzig ging zu ihm und ich folgte mit Bass und Nova. Etwas abseits des Schiffs standen Coralie und Lord Gordon, von Zigs umzingelt, deren Gedanken zum Glück nicht bis zu uns vordrangen.

*"We use **drop drives**"*, erklärte Witzig. *"We drop through time-space and **are attracted** by **pools** of **dark matter**."*

Fab und Everett hoben die Augenbrauen. "You can **detect** dark matter?", fragte Everett ehrfürchtig. Wenn wir nicht aufpassten, würden sie anfangen, mit Witzig zu fachsimpeln. Aber wir hatten wahrlich Wichtigeres zu tun.

"Where are the other Zigs who swallowed cats?", wandte ich mich an Witzig.

*"They're inside the ship. I'll ask Hitzig if I may open a **hatch** for you."* Er richtete seine Scheinwerferaugen auf die Hülle, die daraufhin leise zu klirren anfing.

"Who's Hitzig?"

Lord Gordon und sein ziggiges Gefolge waren zu uns getreten. "He's their captain", sagte der Lord. "I've been trying to talk to him but Winzig and Holzig and

to operate bedienen
means of propulsion Antriebssystem
drop drive Fallantrieb
to attract anziehen
pool Ansammlung
dark matter dunkle Materie
to detect erkennen
hatch Luke

their **clones** wouldn't let me." Er deutete auf die Zig-Schar, die ihn umringte. "Coralie told me what happened. So the Zigs can **reunite**, that's good to know. I thought they'd just grow more and more **numerous**."

clone Klon
to reunite sich wieder vereinigen
numerous zahlreich

"I've got permission to let you in", verkündete Witzig.

Ich bekam Herzklopfen, denn nun würden wir erfahren, welches Schicksal die anderen Katzen erlitten hatten, und damit würde ich wissen, was Early noch bevorstand.

Grey Cats

Witzig ließ sich einen langen Lichtfinger wachsen und tippte damit auf das Schiff. Während sich eine tropfenförmige Luke öffnete, erklärte er: "Our Captain, Hitzig, was the first of us to swallow a cat. This caused a lot of **confusion** among us, because after that he became quite **lethargic** and could**n't give commands any longer**."

Everett trat als Erster durch die Luke, Fab folgte ihm drängelnd. Bass ließ Coralie, Yesy und Nova den Vortritt, dann raunte er mir zu: "What if they want to **abduct** us?"

Lord Gordon, der hinter uns war, meinte düster: "Then we would have to spend the rest of our lives listening to their **dreadful** jokes."

Ich dachte mir, dass die Zigs mit ihrem unerträglichen Sinn für Humor immerhin über eine ausgezeichnete Möglichkeit der Verteidigung verfügten. Damit konnten sie jeden zermürben, der auf die Schnapsidee kam, sie zu bekriegen.

Das Schiff bestand aus einem einzigen großen Raum, in dessen Mitte eine durchsichtige Säule bis zur Spitze reichte. Kleine Lichter waberten darin auf und ab, ähnlich wie in einer Lavalampe. Auf dem Boden lagen haufenweise trockene, graue Pflanzenteile. An den Wänden flackerten Lichter und Schlieren.

"These must be the **control panels**", sagte Fab fasziniert.

confusion
Verwirrung

lethargic
lethargisch

to give commands
Befehle erteilen

not any longer
nicht mehr

to abduct
entführen

dreadful
schauderhaft

control panel
Schalttafel

"Or their cinema screen", dämpfte Lord Gordon seine Begeisterung.
Hitzig erwartete uns bereits. Oolong, der in ihm schwebte, machte einen erbärmlichen Eindruck. Sein Fell war, bis auf die Spitzen der Ohren, völlig grau geworden. Es erschien mir wie ein Wunder, dass er nach über einem Monat im Zig noch lebte.
Hitzig sagte: *"Hello, you must give us more cats. They're all hiding and we can't find them."*
Lord Gordon erwog das tatsächlich. "Well, then the remaining spin-off zigs will reunite, and all eleven of them will leave the planet."
"We're not going to **sacrifice** any cats", sagte Nova entschieden.
"Especially not Early", ergänzte ich.
"Or Darjeeling", rief Bass entsetzt und durchwühlte einen trockenen Haufen. Er juchzte entzückt auf, als er mitten in dem Gestrüpp einen Zig entdeckte, der Darjeeling in sich hatte. Als sie ihn sah, begann sie wie wild mit den Pfoten zu rudern.
"She's alive! But look at her fur. It's got grey **spots**."
Bass fegte mit den Händen die Blätter beiseite und kniete sich vor den Zig, der unzufriedene Laute von sich gab, jedenfalls deutete ich die tiefen Brummtöne so, die er in mein Gehirn zigte. "We're here to help you", versicherte Bass und versuchte vergeblich, Darjeeling durch den Zig hindurch zu streicheln.
"This is Putzig", erklärte Witzig. *"He swallowed this fat cat and seems to have problems getting out of his* **delirious state**.*"*

to sacrifice opfern
spot Punkt
delirious benebelt
state Zustand

Als Nächstes fanden wir einen Zig namens Fetzig, der Gunpowder in sich trug. Gleich neben ihm lag Kratzig, der sich Gunpowders Freundin Sikkim einverleibt hatte. Ich staunte, dass Bass die Katzen erkannte. Ich hatte gar nicht gewusst, wie viele Freunde er in der Katzenbevölkerung schon hatte.
"Then this must be Chun Mee", schloss ich, als ich einen weiteren vor sich hin dösenden Zig ausmachte. "Now we've found them all. They're alive but losing their colour."
Yesy widmete sich den Pflanzen. "Where did you get these from, Captain?", fragte sie Hitzig.

"Some planet or other. When we left on our big quest we took along lots of plants from our home world. We need them to keep from quarreling."
"Like a **sedative drug**", überlegte Yesy.
"After a while they lost their ***effect***, ***even though*** *we watered and* ***nourished*** *them* ***abundantly****."* Er tippte auf die Wand und eine Lichtschnur wuchs heraus, verschwand in dem Zig und landete genau in Oolongs Maul. Sofort begann er gierig zu saugen. So hatte er also überlebt.
"So we had to find a planet where we could ***stock up on*** *plants. And then another one, and another one. On Mars however, we couldn't find any plants that* ***suited*** *us. The glowberries didn't work at all."* Er zuckte mit seinen leuchtenden Schultern.

sedative drug Beruhigungsmittel
effect Wirkung
even though obwohl
to nourish *hier:* düngen
abundantly ausgiebig
to stock up on sth sich einen Vorrat an etw anlegen
to suit sb jdm bekommen

Yesy nickte. "That's because glowberries don't have green leaves. You obviously need something inside you that's green and organic, then you feel **relaxed**. The cats on Mars are green and organic, so you swallowed them instead of plants. But they're like an **overdose**. You get lethargic."

Putzig wälzte sich matt hin und her. *"I'll never swallow another cat"*, stöhnte er.

"Scheint so, als hätte er einen Kater", meinte ich grinsend und war fast überzeugt, mit diesem Gag als größter Comedian aller Zeiten in die Zig-Geschichte einzugehen. Die Zigs verstanden zwar tatsächlich mein Deutsch, nicht allerdings den Witz.

relaxed entspannt
overdose Überdosis
tom-cat Kater
to wear off nachlassen
to convert umwandeln
wavelength Wellenlänge
crippled gelähmt

*"No, I think it's a she-cat, not a **tom-cat**"*, widersprach Witzig völlig ernst.

Bass kicherte, aber alle anderen sahen mich verwirrt an. Nun ja, der Witz funktionierte nicht auf Englisch, wo diese andere Art von Kater *hangover* genannt wird.

"It was a great experience at first", sagte Hitzig. *"I've never felt so relaxed in all my life. But it**'s wearing off**."*

Coralie hob eine Hand. "This has to stop. The cats need their green pigment to **convert** the light from red glowberries to the **wavelength** for their high-technology purring. When they're grey they're totally disabled. **Crippled**!"

Mir wurde angst und bange.

"It's the same with the plants", hakte Yesy ein. "The

cat **has turned** almost **completely grey**. It's **too bad** that you're colour-blind. But obviously you can feel colours and you **transform** the colour green into ... well ... some kind of **soothing** energy." Sie zuckte die Schultern. "What if we brought you some plants from Earth, so you can **continue** your quest?"
Ich war heilfroh über Yesys Idee. Denn die ganze Zeit über hatte ich schon mit mir gerungen, ob ich den Zigs verraten sollte, wo sich auf dem Mars die einzigen Pflanzen mit grünen Blättern befanden. Es handelte sich um die Teeplantage unter der Lord Selby Hall, in der jede Menge Konzerte stattfanden, was die Pflanzen zum Wuchern brachte. Alle anderen Teebäume auf dem Mars trugen lediglich braune, bröselige Blätter. Wäre ich meinem Herzen gefolgt, hätte ich die Zigs sofort auf die Teeplantage geschickt, wenn sie im Austausch dafür die Katzen aus ihren Körpern entließen. Aber erst vor Kurzem hatten wir nur dank dieser Plantage den Mars vor einem Bürgerkrieg bewahren können. Außerdem wurden die Teepflanzen inzwischen streng bewacht.
Hitzig sprang sofort auf Yesys Hinweis bezüglich der Erde an. *"There are green plants on Earth?"*
"Sure, I saw lots of them", bestätigte Witzig.
*"But that's the **solution** to our problem."* Hitzig sah uns mit seinen Scheinwerferaugen eindringlich an. *"We're going to Earth."*

completely
vollkommen
to turn grey
grau werden
too bad
zu schade
to transform
umwandeln
soothing
wohltuend
to continue sth
etw fortsetzen
solution
Lösung

Fehlstart

Seine entschlossene Ankündigung haute mich um. Und zwar im wörtlichen Sinne. Das ganze Raumschiff erbebte.

"Sorry, I must be careful", meinte Hitzig. *"Otherwise we might take off even before the countdown starts."*

Neben den anderen rappelte sich auch Lord Gordon wieder hoch und wischte sich allerlei graue Blätterbrösel von seinem Umhang. Er war mitten in den trockenen Pflanzen gelandet. Meine Freunde und ich sahen freilich nicht besser aus als er. Am schlechtesten aber wirkten die Pflanzen selbst.

Yesy schimpfte uns: "Hey, be careful, will you!" Dabei war sie selbst mitten hineingefallen in das überhaupt nicht mehr grüne Grünzeug. Ihr traten schier die Tränen in die Augen, während sie weiter all die verschiedenen Arten inspizierte. Klar, wo bekam man sonst schon einen intergalaktischen botanischen Garten geboten, selbst wenn er eher aussah wie ein intergalaktischer Komposthaufen?

seriously
ernsthaft

"What do you mean by countdown?", kam mir jetzt erst in den Sinn. "You're not **seriously** planning to fly to Earth."

"Sure we are", zigte Hitzig und machte eine vage Bewegung hin zu den Wänden des Raumschiffs. Augenblicklich gerieten die Lichtschlieren in Bewegung und sortierten sich zu etwas Konkretem. *"We've already found it."*

Rund um uns war die Erde abgebildet, wie sie sich um

ihre eigene Achse drehte. Aber nicht nur einmal, sondern x-fach. Mal komplett mit Sonne und Mond, dann viel näher, sodass ihr Blau richtiggehend strahlte, dann die Kontinente, dann Mitteleuropa, dann eine Stadt. Ich hätte sie beinahe nicht erkannt. Denn zum einen war sie zugewuchert mit allerlei Grünzeug, zum anderen erhoben sich daraus eigenartige, halb transparente Bauten, die sich wie Spinnen auf stelzenhaften Beinen hielten. Allein die markanten, runden Kuppeln zweier Kirchtürme ragten sonst noch aus dem Grün und ließen mich verblüfft stammeln: "Mü... Mü... München! I mean Munich. This is the **cathedral**!"

cathedral Dom
ecological ökologisch
miracle Wunder
native Eingeborene(r)
to appease sb jdn besänftigen
to harvest ernten

"Wow, they've got amazing telescopes!", begeisterte sich Fab.

Yesy trat so nah an die Bildschirme heran, dass sie aus Versehen mit der Nase dagegen stieß. Sie konnte wie wir kaum fassen, was sie sah. "It's an **ecological miracle**!"

Aber schon war der Bildausschnitt weitergewandert und Neuschwanstein zog vorbei.

Witzig deutete auf die Bäume drumherum und meinte: *"Nice plants. We'll tell jokes to the* ***natives****; that will* ***appease*** *them when we start* ***harvesting****."*

Das wurde ja immer schlimmer! In Neuschwanstein war man zwar einiges an Touristen gewohnt, aber kalauernde Aliens würden auch dort und selbst im 25. Jahrhundert eine Panik auslösen. Da war ich mir sicher.

"You can't do it, no way!", verkündete ich voller Überzeugung. Meine Freunde pflichteten mir lautstark bei. Und wieder riss es uns von den Beinen.
Mich aus einem Knäuel von Armen und Beinen befreiend, musste ich mich nun schon zum zweiten Mal hochrappeln.
"Watch out!", ermahnte mich Hitzig und schien den Kopf über mich zu schütteln. *"Or you'll start the ship."*
"What's happening to the ship?", beschwerte sich Lord Gordon, der vor Ärger diesmal sogar vergaß, sich erneut die Blattbrösel vom Gewand zu wischen.

to program programmieren
equipped ausgestattet
highly sensitive hochempfindlich
determination module Entschlossenheitsmodul
determined entschlossen
exclamation Ausruf
to release freilassen

"Nothing wrong with it. It just does what it's ***been programmed*** *to do. It's* ***equipped*** *with a* ***highly sensitive determination module****. Another* ***determined exclamation*** *and I won't be able to keep it on the ground."*
Die Zigs konnten einen wirklich fertigmachen. Diskutieren war mit ihnen einfach nicht möglich.
Mit einem Mal bekamen Witzigs Gedanken in meinem Kopf einen samtigen Touch: *"You want me to* ***release*** *your cat, don't you?"*
Ich nickte heftig und fragte mich gleichzeitig, ob das nicht bereits zu entschlossen wirkte. Ich hatte wirklich keine Lust, Auslöser des Abfluges zu sein, der mit einer Zig-Invasion auf der Erde enden würde.
"How about this: We'll fly to Earth and when we've stocked up enough plants you can have your cats back."

Jetzt nickte Early im Bauch von Witzig, und zwar alles andere als dezent.

"No way!", begehrte Bass auf. "Darjeeling has lost almost all her colour. I'm not sure she'll **survive** the trip to Earth. Forget it!" Den letzten Satz schrie er.

Wie auf Kommando hatte sich Darjeeling elend in ihrem Zig hängen lassen. Sie war zwar feist wie eh und je, wirkte aber alles andere als gesund. Genauer konnten wir sie nicht mehr betrachten, denn das Raumschiff schnellte mit einem Mal nach oben. Wir starteten!

"Sorry, was that me?" Bass hielt sich erschrocken die Hände vor den Mund.

Wir nickten.

Nur Lord Gordon traute sich, etwas zu sagen. Als Politiker war er ausreichend geübt darin, seine Worte derart in Wischi-Waschi-Formulierungen zu kleiden, dass das Raumschiff nicht endgültig aus der Halle hinaus in den Weltraum sauste.

to survive überleben
humble bescheiden
to propose vorschlagen
to prevent verhindern

"If you ask my **humble** opinion, I might **propose** that we leave the ship, if Mr. Hitzig were so kind to let it land in the cavern again."

Hitzig hielt es zumindest nicht für ausgeschlossen und empfahl uns – *"but without determination"* –, die Gedanken so ziellos wie möglich schweifen zu lassen, bis sich das Raumschiff langsam wieder setzte.

Es erwies sich als verdammt schwer, nicht dauernd zu denken: We've got to **prevent** an invasion on Earth, oder: You stupid Zigs, release the cats. Selbst den Gedanken Don't think of anything! schob ich schnell wieder weg, bevor er zu sehr zu einem entschlossenen Befehl an mich selbst werden konnte. Meine Rettung war schließlich, dass mir die Schule einfiel. Da war es gar kein Problem für mich, an nichts zu denken, wenn ich aus dem Fenster in den Schulhof schaute. Ich stellte mir vor meinem inneren Auge den Hof und vor meinem inneren Ohr meine Geschichtslehrerin Frau Ohnemus vor, die irgendetwas leierte. So nahm ich bald die anderen nur noch wie durch einen Schleier wahr. Auch sie schienen geistig weit weg zu sein.

Ohne einen einzigen Gedanken in mein Hirn zu pressen, winkte uns Hitzig schließlich zur Eingangsklappe des Raumschiffs.

Wir verließen das Raumschiff mit mulmigem Gefühl, da wir die Katzen in den Zigs zurücklassen mussten. Earlys entsetztes Gesicht, als ich zur Luke ging, brannte sich mir unauslöschlich ins Gehirn.

Draußen dauerte es eine ganze Weile, bis wir wieder zu uns kamen.

Das Erste, was Bass einfiel, war ein stolzes: "Cool, I started a spaceship."

Nova verdrehte die Augen. Aber das war vielleicht kein Kommentar zu Bass, sondern zu dem Grauen, das sich gerade anbahnte: Massen von Zigs strömten in die Halle. Und in unseren Köpfen explodierten die Auseinandersetzungen zwischen ihnen. Angelockt vom Beinahe-Start ihres Disco-Tropfens, bestürmten sie Hitzig mit Fragen, um sich anschließend gegenseitig mit Vorwürfen, Forderungen und Ablehnungen zu

überschütten. Dabei wuchs die Menge der Zigs unaufhörlich.
Ich hatte den Überblick verloren, ob sich da nun Rotzigs, Protzigs, Winzigs oder Putzigs teilten, aber es war mir auch egal. Ich verstand sowieso nur noch Bahnhof. Denn etwas anderes schien mein Hirn nicht mehr zu sein als ein Ort, an dem sich alle tummelten, wie sie wollten. Nur ich selbst war irgendwo unter die Räder gekommen.
Ich verstand jedenfalls kein Wort von dem, was Everett, Fab und Yesy mit Hitzig noch besprachen. Behielten sie in all dem Chaos noch so kühle Köpfe, dass sie uns retten konnten? Hitzig entließ sie jedenfalls erst einmal, sodass wir die Halle verlassen konnten.
Der erste eigene Gedanke, den ich wieder zustande brachte, als wir im Kino ankamen, galt Early. Konnten wir ihn bei den durchgeknallten Aliens zurücklassen? Ihm musste sein kleiner Kopf platzen! Mir wurde ganz schlecht.
Lord Gordon, der uns begleitet hatte, hob den Kopf und rief: "Gliders!" Sofort senkten sich etliche von der Höhlendecke.
"You can use any **department** of the Martian University that can help you with your **calculations**", sagte er zu Everett und Fab. Anerkennend schlug er dem Studenten auf die Schulter. "It's great that you think you can find a green hole."
Fab lächelte etwas gequält und blickte Everett hilfesuchend an. Der räusperte sich und stellte nüchtern fest: "Green holes don't exist."

department
Fachbereich
calculation
Berechnung

"Oh." Lord Gordons Miene nahm einen sparsamen Ausdruck an. "But you just promised the Zigs ..."

"Well", kam es nun doch von Fab selbst. "I was only **playing for time**. As long as they believe we can tell them the way to a green hole, they won't **set off for** Earth."

"But that's not going to help", entsetzte ich mich. "The cats are losing colour. When they've all turned grey, the Zigs will leave anyway."

"We've got another **iron** in the fire", klärte mich Yesy auf. "The Biochemistry Department of the Martian University is going to help me. As you know, on Tenerife the cats planted glowberries that turned into turbo-glowberries. I'm going to **extract** their juice and **blend** it with the juice of another plant that has a similar **growth potential**, the ***Sonchus acaulis***. I happen to have some **drops** of its juice because I took a sample. The mix could **release** an **enormous vegetable** energy. If you add it to the **plant food**, plants will stay green for much longer. We'll get as many plants as possible from Earth and **fertilize** them with the **liquid**. Then the Zigs can fly much farther without having to stock up."

Das klang alles sehr spekulativ, aber die Idee gab mir Hoffnung. "This is great, because we can ask all the

to play for time Zeit schinden
to set off for aufbrechen nach
iron Eisen
to extract extrahieren
to blend mischen
growth potential Wachstumspotenzial
Sonchus acaulis Gänsedistel
drop Tropfen
to release freisetzen
enormous enorm
vegetable pflanzlich
plant food Düngemittel
to fertilize düngen
liquid Flüssigkeit

Martian cats on Tenerife to help bring the glowberries and some plants from Earth to Mars." Damit hätten wir auch schon mal das Katzenproblem auf Teneriffa gelöst: Der Teide würde sich wieder erholen und die seismischen Aktivitäten dürften nachlassen. Dann konnten wir endlich das tun, wozu wir hingeflogen waren: surfen.

Wenige Augenblicke später saß Yesy in einem Glider und Lord Gordon sagte: "Go University!" Der Glider zischte in einem Affentempo ab.

In the Lion's Den

"We need to learn how to **direct** the moongate to a **certain destination**", meinte Everett mit angespannter Miene, als wir im Museum den Raum betraten, in dem unser Moongate wartete. "It's going to take hours to drive from the hotel to the Teide. It would be a lot more **practical** if we could moongate directly to the Cañadas."

lion's den Höhle des Löwen
to direct lenken
certain bestimmt
destination Ziel
practical praktisch
memory profile Gedächtnisprofil

Kaum hatte Everett das Wort "Cañadas" ausgesprochen, bewegten sich die Pyramidensteine am Boden selbsttätig hin und her. Nur Coralie wunderte sich nicht darüber. "Obviously, the target Cañadas has been recorded in the **memory profile** of the gate."

Nova kapierte sofort: "Sure, the cats travelled there with this gate."

Und so stiegen wir im nächsten Moment direkt vor der Höhle der Marskatzen aus dem Moongate.

Nacht lag über der Insel. Die Sterne hingen wie blitzblank geputzt am Firmament. Während auf dem Mars hektisch an einem Immergrün-Elixier gearbeitet wurde, wehte hier der Wind mit ruhigem Atem über die Steine.

Ich genoss diesen unerwarteten Augenblick. Doch es war uns nur ein kurzes Innehalten vergönnt. Dann zersägte ein misstönendes Gekrächze die Stille und schwoll zu einem vielstimmigen Chor an. Aufgeschreckt drehten wir die Köpfe. Doch erst als ich vorsichtig um die nächste Felsenecke kletterte, entdeckte ich die Quelle des Lärms. Da hockten gut dreißig Katzen beieinander und miauten in den Himmel. Sie blickten alle in die gleiche Richtung. Ich war mir sicher, dass sie allesamt ein grünes Fell hatten, auch wenn man das nicht erkennen konnte. Ich sah das Sprichwort "Nachts sind alle Katzen grau" komplett bestätigt. Aber selbst aus der Ferne nahm ich Tippy wahr. Die marsianische Oberkatze mit der dürren Gestalt war eindeutig das Zentrum der Versammlung, die da ... ja was eigentlich tat? Nicht den Mond anheulte – das war ja etwas für Hunde –, sondern den Mars anmaunzte? Hatten sie Heimweh?

"Tippy!", rief ich.

Doch weder Tippy noch die anderen reagierten.

Ich versuchte es noch einmal, jetzt in der hochoffiziellen Form: "Tippy Golden Flowery Orange Pekoe!" Hoffentlich ließ sich die dünne Chefkatze nun herab, sich zu mir zu bequemen. Umgekehrt ging es nämlich nicht. Das Gelände, auf dem sich die Katzen versammelt hatten, war für Menschen ohne Kletterausrüstung nicht zu erklimmen.

Tatsächlich brach das Gemeinschaftsgekrächze in sich zusammen und x Katzenköpfe wandten sich mir zu. So langsam, als litte sie unter Hüftproblemen sowie Senk-, Spreiz- und Plattpfoten, kam Tippy angeschlichen. Ihr Schnurren klang gar nicht erbaut.

"Why are you interrupting our concert?", konnte ich im Mondlicht mit Müh und Not ihre krakelige Schnurrschrift auf dem sandigen Untergrund entziffern.

"Concert?", wiederholte ich ungläubig.
"We're singing the Ode to the Mars Miracle, composed by Ding Dong Oolong." Überraschenderweise sah es so aus, als liefe Tippy eine Träne aus dem Augenwinkel. "We**'re commemorating** him."
"Hm, sure, that's lovely", versuchte ich es besonders freundlich. "But maybe you should **postpone** your concert for your **missing** friend; you see, he's no longer missing. We found him, as well as the other cats who disappeared."
Die anderen Katzen hörten auf, sich zu putzen oder in den Himmel zu starren, und kamen allesamt den Hang herunter.
Nova, die Dinge schnell auf den Punkt zu bringen wusste, erklärte den Katzen, was auf dem Mars los war und warum wir ihre Hilfe brauchten.
Dann ging alles ganz fix. Die Katzen schafften jede Menge Turbo-Glowberry-Sträucher aus der Höhle, bis nur noch ein Rest übrig war, den sie zurückließen. Everett redete sich den Mund fusslig, dass die Sträucher eine Gefahr für das Ökosystem auf Teneriffa darstellen konnten. Tippy wollte aber jederzeit nach Teneriffa in eine kuschelig beleuchtete Höhle zurückgaten könnten, falls es Yesy nicht gelingen sollte, ein Immergrün-Elixier zu brauen, das die Zigs zufriedenstellte. Das konnten wir nicht versprechen, wir hatten ja selbst nur eine vage Hoffnung. Aber Tippy gab zu: "We'd be delighted to return to Mars. The **acoustics** there are so much better than in these caves."

to commemorate sb
um jdn trauern
to postpone
verschieben
missing
vermisst
acoustics
Akustik

"Yes, your concerts are greatly missed there", bemühte ich mich um gute Stimmung, während die Katzen die Sträucher aus der Höhle zerrten.

to keep off sb jdn fernhalten
to wrap wickeln

"Don't forget the malgae", sagte ich.
"But they like it here", meinte Tippy.
Ich überlegte noch, wie wir dieses Problem lösen könnten, da fand Nova schon das richtige Argument. "You'll need the malgae. If you **wrap** them around you like a cape they help to **keep off** the Zigs."
Nun wurden auch die Malgen aus den Höhlen geholt. Wie die Katzen die Malgen überredeten, die Erde zu verlassen, verrieten sie uns nicht, aber egal, es schien ja zu klappen. Am Ende hatten wir einen riesigen Haufen Glowberries und außerdem jede Menge grüner Pflanzen aus der direkten Umgebung, die Yesy mit ihrem Extrakt behandeln konnte. Wir warfen alles durch das Gate auf den Mars. Trotz der kühlen Nachtluft schwitzen wir um die Wette.
Die Katzen hatten sich inzwischen mit den Malgen verständigt und jede von ihnen trug nun ein schickes Glibber-Cape.
"Off we go", schnurrte Tippy und spazierte durch das Gate. Die Katzen folgten. Bass und ich bildeten die Nachhut und passten auf, dass auch wirklich alle Katzen zum Mars zurückkehrten.

Coralie, die gute Seele, empfing uns mit Gläsern auf einem Tablett. "You must be thirsty."
Dankbar nuckelten wir an den Strohhalmen.

Everett, den letzten Büschel Glowberries unterm Arm, nahm ebenfalls einen Schluck, dann machten wir uns gemeinsam auf den Weg zur Universität. Die Katzen ließen wir in der Obhut von Coralie.

Wir hatten im wahrsten Sinne des Wortes alle Hände voll zu tun, um die ganzen Sträucher in das Labor der Universität zu schaffen, in dem Yesy vor sich hin experimentierte. Von uns und den Glidern, die uns dorthin brachten, sah man vermutlich nichts mehr, stattdessen nur Gestrüpp, das durch die Gegend flog – eine rasende Variante dieser Dinger, die in Westernfilmen immer vom Wind durch Geisterstädte getrieben werden. Auch die Tunnels, durch die wir jagten, hätten einer Geisterstadt alle Ehre gemacht. Nicht mal mehr Zigs waren unterwegs. Die tobten wohl allesamt in der Höhle über dem Museum. Vielleicht hatte ihre schiere Menge die Halle längst gesprengt und alle trieben hilflos im All. Vielleicht konnten wir es aber auch noch verhindern …

An der Universität war etwas mehr Betrieb. In den Gängen diskutierten Professoren über alle möglichen Themen, die ich nicht mal auf Deutsch verstanden hätte.

Yesy und eine marsianische Kollegin, die sich als Hella McLindstrøm vorstellte, werkelten an einem Tisch in der Mitte des Raumes. Darauf stand eine monströse Destillierapparatur, die mich noch mehr beeindruckt hätte, wenn die Glasflächen nicht so voller Staub gewesen wären.

"It's so exciting to work with Yesy", freute sich Hella McLindstrøm und pflichtete sich selbst auch gleich mit einem Nicken bei, das ihren Haarturm gehörig ins Wackeln brachte. Glücklicherweise konnte er nicht in sich zusammenstürzen, denn das blonde, dicke Haar wurde von jeder Menge Bänder, Bordüren und anderem Krimskrams zusammengehalten. Sogar zwei Teile, die mich an japanische Essstäbchen erinnerten, waren hindurchgestochen. "We found this old **distillation device** in the lower sections. It hasn't been used for ages", erklärte sie uns. Deshalb war es wohl auch Yesy, die sich hauptsächlich an dem Ding zu schaffen machte, während Hella McLindstrøm sorgsam etliche Tropfen Milch aus einem löwenzahnartigen Riesenstengel presste, den Yesy auf Teneriffa abgeschnitten hatte.

distillation device Destilliergerät
to squeeze auspressen
to gain gewinnen
biodynamic biodynamisch

"Now we need the glowberries", wandte sich Yesy an uns. "We've got to **squeeze** them." Sie nahm einen kompletten Strauch, zupfte sämtliche Beeren ab, warf sie in eine Art Entsafter und befahl: "Squeeze!"
Das Gerät machte so ein ähnliches Geräusch wie Early, wenn er sich an Glowberries überfressen hatte und sich übergeben musste. Schon öffnete Yesy das Ding wieder und schüttete den Saft in den Kolben des Destilliergeräts. Während der Saft darin zu blubbern anfing, ohne dass es jemand sichtbar erhitzt hätte, erteilte sie uns eine Unterrichtsstunde im Schnelltempo: "The *Sonchus acaulis* has an enormous growth potential. By blending its juice with the turbo variety of the *Lucius marsianus* – the glowberry – we're going to **gain** amazing **biodynamic** energy."

Von den lateinischen Pflanzennamen mal abgesehen konnten wir ihr alle so weit folgen. Von einem Serum, das sie aus Bestandteilen beider Pflanzen herzustellen gedachte, erhoffte sie sich wahre Wunderdinge.
Im Labor traten wir uns nur gegenseitig auf die Füße. So beschlossen Nova, Bass und ich, ins Museum zurückzukehren, um in der Nähe der Zigs zu sein. Nicht, dass die es sich anders überlegten und doch noch starteten.
Der Gang vor dem Museum war schon wieder mit Zigs verstopft. Nur mit Mühe gelangten wir bis zur Eingangstür. Und als wir rasch hindurchschlüpften, zwängte sich mit uns ein Zig hinein.

"Look, cats!", zigte er begeistert.
Sofort drängten weitere Zigs nach und stürzten sich auf die Katzen. Dank der Malgenumhänge schafften sie es nicht, sich über sie zu stülpen, doch versetzten sie die Katzen in Angst und Schrecken, sodass einige in Panik versuchten, wieder durch das Moongate zurück nach Teneriffa zu fliehen. Bass konnte das im letzten Moment verhindern, indem er geistesgegenwärtig mit dem Fuß einen der Purrolatoren umstieß.
Ich machte scheuchende Handbewegungen. "Hey, you Zigs, **leave** the cats **alone**!"

to leave sb alone
jdn in Ruhe lassen

Sie zogen sich tatsächlich ein Stück zurück, behielten die Katzen aber fest in ihren Scheinwerferblicken.
"Where can we go?", schnurrte Tippy.
"The starship", schlug Nova vor. "The Zigs in there already have cats and will leave you alone."
Während die meisten der Katzen angesichts dieses

ungeheuren Vorschlags erschrocken maunzten, schnurrte Tippy anerkennend: "Not bad thinking for a human." Das ließ dann auch keinen weiteren Widerspruch aufkommen.

Also mussten wir uns zum Kino durcharbeiten. Coralie nahm ihren Notfallkoffer mit. Bass, Nova und ich formten, so gut es ging, einen schützenden Ring um die Katzen, die kläglich maunzten, wann immer sich ein Zigfinger nach ihnen ausstreckte.

Die Katzen waren gar nicht begeistert, einen Glider benutzen zu müssen, aber Coralie versicherte glaubhaft, dass ihnen die kurze Fahrt senkrecht nach oben nichts anhaben würde.

Es war noch anstrengender als das Verladen der Büsche. Endlich standen wir mit allen Katzen vor dem Schiff, von tobenden Zigs umzingelt. In unseren Köpfen dröhnte ihr skandiertes: *"Cats, cats, cats!"* Es war wie ein Presslufthammer im Kopf.

Nova steckte sich die Stöpsel ihres MP3-Players in die Ohren, zog sie aber sofort wieder raus. Selbst ihre laute Musik kam wohl gegen das Gezigge nicht an. "How do we get inside the ship?", rief sie verzweifelt.

Ich wählte den primitivsten und einzigen Weg, der mir einfiel. Ich klopfte an. Erst zaghaft, und als keine Reaktion kam, immer fester. Am Ende trommelten Bass, Nova und ich mit den Fäusten gegen das Raumschiff. Wenn die Zigs da drin nicht alle im Katzendelirium lagen, mussten sie uns doch hören. Doch nichts geschah.

Ich drehte mich um und hielt nach Steinen Ausschau, die ich an die Luke werfen wollte. Da sah ich, wie eine der Katzen ihren Malgenumhang verlor. Bass sah es auch und wollte sich schützend über sie werfen, da hatte ein Zig sie schon geschnappt.

"Holzig!", ertönte es jetzt von allen Seiten und eine ganze Schar Zigs verschmolz mit dem, der die Katze erwischt hatte.

Der wiedervereinte Holzig schwebte beseelt zum Raumschiff und tippte mit einem langen Finger dagegen. Völlig lautlos. Und schon tat sich die Luke auf.

"Quick, jump inside", scheuchte ich die Katzen zur Luke. "All of you."

Ich hechtete Bass, Nova und Coralie durch die sich schließende Luke nach.

Als Erstes schaute ich nach Early. Er hatte einen grauen Fleck auf dem Rücken, sah aber ansonsten noch quicklebendig aus.

Oolong hingegen war inzwischen komplett grau geworden. Hitzig wand sich wie ich, wenn ich eine Krawatte tragen sollte. Im nächsten Moment fiel Oolong aus ihm heraus.

Bass nahm ihn hoch. "Are you okay?"

injection
Spritze

Oolong hing matt in seinem Arm und gab nur ein ganz leises Schnurren von sich. Während sich die anderen Katzen besorgt um ihn scharten, öffnete Coralie ihren Notfallkoffer. "I'll give him an **injection** of vitamins and electrolytes."

Ich meinem Kopf hörte ich Hitzig zu Witzig sagen: *"Give me your cat. It's still nice and fresh."*

"No, I can't do that, it's not fair", widersprach er sich jedoch sogleich selbst und teilte sich prompt. *"The ef-*

fect of the cats is wearing off", zigte er weiter. *"We have to leave this planet immediately while we're still able to make decisions without splitting."*
Auch Chun Mee war jetzt ergraut und fiel aus Ranzig heraus, der sich sogleich in die Diskussion einmischte, ob man zur Erde fliegen oder lieber moongaten sollte, und sich dabei fleißig teilte.
Wenn das so weiterging, würde das Raumschiff bald aus allen Nähten platzen. Das Gezigge im Kopf wurde immer lauter und unerträglicher. Die Katzen maunzten erbärmlich unter ihren Malgenumhängen. Immerhin waren jetzt etliche Zigs ganz ohne Katze in ihrem Körper. Wenn wir nicht sehr bald eine gute Idee hatten, würde alles außer Kontrolle geraten.

Grüne Töne

Da trat Tippy mit mutig erhobenem Haupt vor Hitzig und ließ den Malgenvorhang von ihrem knochigen Rücken gleiten.

"What are you doing?", fragte ich entsetzt und zerstampfte ein Büschel trockene Pflanzen, damit Tippy ihre Antwort in den entstandenen Staub schnurren konnte.

"I'm sacrificing myself. If Hitzig swallows me, then he'll re-unite and **calm down**, so you can talk normally to him."

to calm down
sich beruhigen
courageous
mutig
inspiring
inspirierend

Einer der Hitzig-Klone sah bereits, was sich ihm da Leckeres darbot, und stülpte sich über Tippy. Mit weit aufgerissenen Augen schwebte sie in ihm. *"Hitzig!"*, riefen seine Abspaltungen und schlossen sich mit ihm zusammen.

Oolong sprang von Bass' Arm. Coralies Vitaminspritze schien ihm gut getan zu haben, denn er bewegte sich geschmeidig zu dem Pflanzenstaubhaufen und schnurrte hinein: "What a **courageous** leader our dear Tippy is. This is so **inspiring**. I feel the music forming inside me. Oh, I can't stop it." Und schon hob er an zu krächzen, dass die Wände gewackelt hätten, wenn sie nicht so stabil gewesen wären.

Es war das schlimmste Geräusch, das ich je gehört hatte. Ein Fingernagel, der über eine Tafel kratzt, war dagegen ein sanftes Schlaflied. Ich hielt mir die Ohren zu und hoffte, dass die Zigs nicht ausflippen würden.

Doch es geschah etwas ganz anderes. Ranzig, der

sich eben noch fleißig geteilt hatte, wurde wieder zu einem einzigen Zig und legte sich zufrieden zu den anderen. Die Malgenvorhänge der Katzen verfärbten sich von lilablassblau in sämtliche Grünschattierungen und erzeugten dabei die allerschönsten Muster.
"This is **incredible**", sagte Coralie. "There's only one explanation. Oolong is singing green music!"
"I hate it, **nevertheless**", sagte Nova und machte Anstalten, sich ihre Kopfhörer ins Ohr zu stöpseln.

incredible
unglaublich
nevertheless
trotzdem

Ich hielt ihren Arm fest. "No, wait, you should record it."

"Record it? Oh, I see." Nova war wirklich ein schlaues Mädchen. Sie stellte den Player auf Aufnahme und hielt ihn Oolong vors Schnäuzchen. Der hatte sich inzwischen so richtig warmgekrächzt und erfand immer scheußlichere Laute, was die Zigs zusehends glücklicher machte. Hitzig ließ Tippy frei, beugte sich herab und tätschelte Oolongs Kopf. *"You lovely creature, you."*
Es wäre zum Heulen schön gewesen, wenn sein Gesang für Menschenohren nicht so eine grässliche Folter dargestellt hätte.
Nacheinander fielen Early, Darjeeling, Gunpowder und Sikkim aus ihren Zigs. Gunpowder und Sikkim rieben verliebt ihre Köpfe aneinander. Ich nahm Early hoch und Bass schloss Darjeeling in die Arme.
Endlich beendete Oolong seine Ode für Tippy. In meinen Ohren klingelte es.
Nova hielt ihren Player hoch. "Where can we play this to all the Zigs?"

"In the cinema", sagte Coralie.

Hitzig übernahm das Kommando. Er öffnete die Luke und rief seinen *"Cats, cats!"* grölenden Mit-Zigs zu: *"**Shut up** and follow me."*

to shut up den Mund halten
automatic automatisch
sound system Tonanlage
to replay wiedergeben
effort Anstrengung

Angenehme Stille breitete sich in meinem Kopf aus. Tippy, die wieder ihr Malgen-Cape übergeworfen hatte, und Hitzig gingen voraus. Wir folgten samt den Zigs, die sich teils murrend, teils neugierig, teils streitend und sich teilend vorwärtsbewegten.

Im Kino angekommen, wies Coralie Nova an: "If you start the player in the middle of the platform, the **automatic sound system** will **replay** it aloud."

Ich hielt mir schon mal die Ohren zu.

Das Konzert begann. Katzen, Malgen und Zigs genossen es sichtlich. Die Katzen hoben die Köpfe und spitzten die Ohren, die Malgen an den Wänden wachten auf und begannen die grünsten Muster zu erzeugen, die man sich vorstellen konnte. Und die Zigs vereinten sich. Ich zählte die ganze Zeit nach. Als es nur noch elf waren, rief ich: "Stop the music. We're finished."

Lord Gordon, Yesy, Fab und Everett betraten das Kino. Yesy hatte eine Schale mit Deckel dabei, in der eine grün leuchtende Flüssigkeit schwamm. Hinter ihr brachten Helfer die zahlreichen Pflanzen von der Erde.

"What was that dreadful sound?", wollte Fab wissen.

Coralie schlug die Hände vor den Mund. "We completely forgot about you. I'm so sorry. All your **efforts** were **in vain**. We've solved the problem already. All we need is a team of **technicians** who will **install** a sound system **onboard** the Zigship so they can replay Oolong's concert."

Yesy stellte die Schale am Rand der Bühne ab. "Well, it was a great experience working with Hella and her team. Working in a **lab** on Mars – wow, I'll never forget that!"

Lord Gordon wandte sich an Hitzig. "So, **it's a deal.** I'll **personally** make sure that our best technicians **equip** your ship with a sound system **to die for**."

Hitzig neigte den Kopf. *"Thank you. You are all very kind to us. **Humans** and cats are wonderful **creatures**. And this planet called … **whatever** … was a great place to visit. I hope we didn't cause too much **mischief**."*

"Well, you **discoloured** some of our cats", sagte Coralie. "I hope the fur will **grow back** green, but we can't be sure."

Betretenes Schweigen breitete sich aus. Oolong schnurrte in den Sand, der den Boden bedeckte: "My **throat** is so dry from all that singing – **I beg to be excused.**" Dann tat er etwas, was für Marskatzen gänzlich unschicklich war. Er schob den Deckel von der Schale und schlabberte das grüne Turbo-Elixier direkt aus der Schale, ganz ohne Halm. Einige Katzen wandten sich angeekelt ab.

in vain vergeblich
technician Techniker
to install sth etw installieren
onboard an Bord
lab Labor
It's a deal. Abgemacht.
personally persönlich
to equip sth etw ausrüsten
to die for beneidenswert
human Mensch
creature Wesen
whatever was auch immer
mischief Unheil
to discolour sth etw entfärben
to grow back nachwachsen
throat Hals
I beg to be excused. Bitte entschuldigt mich.

Yesy griff nach ihm. "Wait. Stop. Don't drink it. I don't know if it's safe."

Oolong sah nicht so aus, als würde er gleich an Turbo-Elixier-Vergiftung sterben. Er sprang putzmunter in die Höhe. "It's delicious."

Darjeeling lief ebenfalls zu der Schale. "Can I have some, too?"

Auch die anderen angegrauten Katzen kamen angelaufen und wollten sich an Yesys Elixier laben, das eigentlich für Pflanzen gedacht war.

Yesy versuchte aufgeregt, die Schale an sich zu bringen, doch die Katzen liefen zwischen ihren Beinen herum, sodass sie fast stolperte. "Please, wait, it could have all sorts of **side-effects**!"

side-effect
Nebenwirkung

Zu spät. Die Katzen hatten die Schale leergeschlabbert und leckten sich zufrieden die Schnäuzchen. "Delicious", schnurrten sie einhellig in den Sand.

Fab nahm Oolong hoch. "You're right, Yesy, my darling. It does have side-effects." Er grinste. "The poor grey cat is turning green."

Wind and Waves

Es war früher Morgen, als wir endlich ins Hotel zurückkehrten. Alles war geregelt. Yesys Elixier hatte die ergrauten Katzen gerettet, Oolongs Musik würde die Zigs auf ihrer großen Suche begleiten und die restlichen Glowberries waren von Teneriffa zum Mars zurückgebracht worden.

Early und Darjeeling kamen mit ins Hotel, aber nur, wie sie versicherten, um sich in Ruhe verabschieden zu können. Auf dem Mars herrschte dafür einfach viel zu viel Aufregung.

Early würde ich ja bald wiedersehen. Er versprach, pünktlich zu meiner Rückkehr von Teneriffa auf der Dachterrasse unseres Hauses in München zu erscheinen. Darjeeling und Bass schmusten auf Vorrat, denn bis er sie das nächste Mal auf dem Mars besuchen würde, konnten Wochen oder gar Monate vergehen.

"And then", schnurrte sie in den Sand, "we've got to go surfing together!"

Ich grinste in mich hinein. Wenn ich mir vorstellte, wie Darjeeling faul an einem Ende des Boards liegen würde, war mir höchst schleierhaft, wie Bass überhaupt noch über einen der untermarsianischen Flüsse steuern wollte. Aber Bass nickte zu Darjeelings Idee.

"We could have a surfing race", schlug Early vor und rieb sich an meinen Beinen. Jetzt war es an mir zu nicken. Dann winkten wir den beiden, als sie durch das Moongate huschten.

Fab hörte gar nicht mehr auf, vom Schiff der Zigs zu schwärmen. "The drop drive was amazing!"

"But we didn't see their drive, did we?", fragte Nova, die damit beschäftigt war, den grässlichen Oolong-Song von ihrem MP3-Player zu löschen.
"Sure we did. It was the lava lamp thing in the middle of their ship."
Yesy glühte vor Begeisterung. "Look what I've got." Sie holte eine Plastiktüte aus ihrer Jeanstasche. "These are samples of the dry plants on the ship. They're from different planets all over the Milky Way. I'm going to **analyze** them. I'm an astrobiologist now."
Everett überlegte: "Fab, you could add some research about green holes to your thesis." Und schon fachsimpelten sie wieder. Tatsächlich war Fab drauf und dran, sein Thema zu ändern und über die theoretische Annahme der Existenz von Grünen Löchern zu schreiben.
Ich fühlte mich nach den Strapazen, als müsste ich den Rest des Urlaubs durchschlafen. Doch als ich aus dem Fenster in die strahlende Sonne sah und beobachtete, wie die Wellen heranbrandeten, da juckte es mich, mein Surfbrett zu packen und sofort hinauszulaufen.
Ich sprang auf. "Come on. Let's enjoy our holiday."
Im Nu waren wir am Strand.
Unsere drei Boards klatschten aufs Wasser. Auf den Brettern liegend paddelten wir ein Stück hinaus aufs Meer. Die Wellen gluckstn zwischen Nova, Bass und mir.

to analyze
analysieren

"Look, someone lost his board", rief Nova und deutete auf ein leuchtend grünes Board, das in einiger Entfernung auf den Wellen wippte.
"But there's nobody around here." Wir drehten su-

chend die Köpfe, aber nirgendwo war jemand zu entdecken. Bis Bass stöhnte: "Oh no, this can't be true!"
Da sah ich, was er meinte: Das Board war nicht allein unterwegs. Lilablassblauer Glibber überzog einen Teil der Oberfläche. Eine Malge hatte sich das Brett angeeignet und probierte offenbar aus, wie viel Spaßpotenzial es barg.
"They really know how to **enjoy** themselves", kommentierte ich und war froh, dass Everett nicht mitbekam, dass mindestens eine Malge auf Teneriffa zurückgeblieben war.

to enjoy oneself sich amüsieren
sense of humour Humor

Wir ließen die Malge Malge sein und verschwendeten keinen Gedanken mehr daran, dass ihre Anwesenheit ein "ökologisches Desaster" auslösen könnte. Wir hatten die Erde heute schon einmal gerettet und wollten daraus keinen Dauerjob machen.
Als wir uns aufrichteten, befanden wir uns inmitten herrlicher Wellen, die uns zum Tanzen bringen würden. Doch schon die erste größere brachte Nova aus dem Gleichgewicht. Bass und ich wollten ihr gleichzeitig zu Hilfe eilen. Mit durchschlagendem Erfolg: Unsere Bretter knallten gegeneinander und wir fielen lachend zu dritt in die rauschenden Wogen.
Mein Gehirn wurde von den Geräuschen des Meeres überflutet, die all das Gezigge und Gekrächze aus meinem Kopf schwemmten. Ich musste grinsen, als mir dabei urplötzlich der letzte Satz einfiel, den Hitzig zum Abschied gesagt hatte: *"Humans and cats are very friendly, but they have no* ***sense of humour****."*